Conquistando La Desorganización Crónica

1ª EDICIÓN

Julio 2018

JUDITH KOLBERG

Derechos Reservados ©

Traducción Y Edición Al Español de México

73 Books

Ignacio Ramírez Eguiarte

(Nacho Eguiarte)

CONQUISTANDO LA DESORGANIZACIÓN CRÓNICA

ISBN 2ª edición en inglés 978-0-9667970-3-9

ISBN KDP 9781720108078

Elogios Para Conquistando La Desorganización Crónica

Conquistando, pinta una viva y conmovedora imagen de la desorganización crónica, llena de humor y fantasía. Lo encontré inspirador y creativo. ¡Simplemente es divertido de leer! - Pipi Campbell Peterson, Autor de Ready, Set, Organize!

La desorganización crónica estaba destrozando mi vida. Kolberg me cambio. -Jessica Walton, Presidenta, Cyberlife, Inc.

Predigo que este libro se convertirá en la Biblia de los libros de la organización. Es para cualquier persona que esté desorganizada o para alguien que quiera ayudar a personas en la misma situación. - Ann Weinfeld Saunders, LCSW-C, organizadora profesional, Baltimore, MD.

Imprescindible para todos los que se sienten desafiados por la desorganización. -Sandra Felton, fundadora, Messies Anonymous

Conquistando ofrece una labor innovadora. Ofrece ayuda práctica y toma en cuenta las diferencias entre las personas. Se lo recomendaré a mis clientes desorganizados crónicos, al mismo tiempo utilizaré algunas de sus propuestas prácticas para mí. - Ann McAllister, pH. i, Psicóloga.

Mi copia de conquistando está marcada y con las orillas dobladas. Soy profesora de educación comunitaria sobre desorganización y su libro es el primero de mi lista de libros. - Linda Richard, organizadora profesional.

Soy una de "esas personas" y coach de TDA, con el libro encontré una fuente con nuevos métodos que se ocupan de la desorganización crónica y con humor; es increíblemente fresca. - J. Nicoles, Columbus, GA.

Nota del editor

A lo largo de este libro, marcas de servicios y logotipo con marca registrada de compañías y sus productos están señalados. Cualquier mención del producto con el nombre de la marca no se debe considerar como apoyo al mismo. El autor no tiene ninguna relación con el fabricante y no se paga por publicitar cualquiera de los productos. Los nombres de los clientes mencionados en este libro son ficticios.

SEMINARIOS Y CONFERENCIAS

El autor tiene disponibilidad para realizar seminarios o hablar con grupos u organizaciones. Para más información, contacte: Squall Press, P.O. Box 691, Decatur, GA 30031, 404.231.6172, www.squallpress.net, info@squallpress.net

Dedicatoria

Este libro está dedicado a Eleanor Kolberg, mi madre, por todo su cálido apoyo y estímulo.

"Había un hombre

y algunos lo creyeron loco.

De cuanto más se desprendía,

más tenía".

El progreso del Peregrino

Agradecimientos

Un Agradecimiento Especial al National Study Group on Chronic Disorganization (Grupo Nacional de Estudio en Desorganización Crónica, hoy ICD) por proporcionarme un contexto en el que mis ideas pudieron fluir, especialmente a Sandra Felton, Denslow Brown, Jerri Udelson, y Betsy Wilkowsky. Muchas gracias a Penny Walker, Shea McNutt, Adrian Fillion y Pamela Kohn por la redacción y edición. También agradezco a Don Asletto y Dorothy Lehmkuhl por sus amables palabras de aliento. También mi aprecio para Hariette Gershon y Joyce Tierney y la gente en TH Design por toda su ayuda. Finalmente, a Linda McGuire por brindarme su apoyo sin titubear.

Agradecimientos de la Versión En Español

Gracias Judith Kolberg por confiar en mi y por permitir que tu conocimiento se tradujera al español para continuar educando a la población en temas de organización y de desorganización crónica. Información que es valiosa para aquellos que se sienten aislados por no ser iguales a otros.

Gracias vida y al ser superior que me permiten establecer un hito con la traducción de este libro. Hace algunos años no hubiera pensado que un sueño loco podría llevarme a propagar la palabra del oficio de organizar, de hecho pensar siquiera en hacer de mi modo de vida la organización de espacios era poco menos que disparate. Ahora veo que siempre me ponen en el camino correcto y es decisión personal seguir por la senda o no.

Agradezco a cada persona que se involucró en este proyecto desde sus propias trincheras. Este documento es una prueba de que en conjunto se logran los mejores resultados. Alfredo Peña, Eduardo Leyva, Claudia Magaña, Alejandra Sánchez, Helena Alkhas, Ave de Papel, Tony Vega, George Hernández, Tom Drapper.

Gracias a mis progenitores Bertha y Guillermo† que me enseñaron a ser una persona de provecho.

Nacho Eguiarte

TABLA DE CONTENIDOS

¿QUÉ ES LA DESORGANIZACIÓN CRÓNICA?

¡LLAMA AL 911! ¡LLAMA AL 911!

Marie es una agente de bienes raíces muy exitosa. Ha sido recientemente galardonada con el premio, "Agente del Millón de Dólares" por quinto año consecutivo, es sobresaliente en Atlanta, donde los corredores de bienes raíces abundan y el mercado es tan caliente como un verano sin aire acondicionado. Marie ha sido líder en el mercado durante 15 años. Cuando me llamó para que le ayudara a organizarse, inmediatamente reconocí su nombre por las docenas de letreros habían sido clavados en el césped de elegantes casas que, aunque conocía su nombre, no sabía las circunstancias que le motivaron a hacer la llamada.

Parece que la señora que le ayudaba la limpieza tuvo que salir repentinamente de la ciudad para atender una situación familiar delicada en Macon. No se sabía cuándo regresaría. Marie estaba desquiciada. Las vacaciones se acercaban y era muy probable que visitas no esperadas llegaran de sorpresa. La casa necesitaba desesperadamente una limpieza. Una colega de Marie le recomendó un servicio de limpieza de casas y contrató a una persona para el aseo.

Los corredores de bienes raíces, incluso los más prósperos como Marie, trabajan a un ritmo muy acelerado para ganar el próximo millón de dólares en un mercado competitivo. Era típico para Marie estar la mayor parte del tiempo fuera, haciendo llamadas desde su automóvil, concertando citas con los futuros compradores y elaborando contratos para su firma en las instalaciones del corporativo. En lugar de hacerlo desde la oficina de su casa. No es extraño para los ocupados habitantes de Atlanta las personas de limpieza u otros prestadores de servicio entren por si solos en las casas.

La persona de limpieza siendo nueva en el trabajo y con ganas de impresionar siguió las instrucciones al pie de letra que Marie dejó por escrito. Hizo un largo recorrido desde la entrada principal de la palaciega hasta la parte posterior de la casa donde se estacionó. Subió los tres escalones de madera de la terraza trasera, encontró la urna de terracota como se le indicó. Inclinando la urna ligeramente, tomó la llave y la insertó en la puerta trasera. (Los habitantes de Atlanta simplemente se niegan a creer que es una de las capitales con más asesinatos en el mundo. Con el verdadero estilo de hospitalidad sureña, ella sigue guardando una llave extra oculta en el pórtico trasero).

La persona de limpieza abrió la puerta trasera de la casa, donde llegó a un pasillo. Había dos puertas, una frente a la otra, a ambos lados de la sala. Una puerta estaba abierta era la habitación de las visitas, donde se suponía que debía de comenzar con la limpieza. La segunda puerta es la oficina de Marie, donde se le había instruido no entrar. En un momento de confusión, se le olvidó qué puerta abrir y entró a la oficina. Se quedó estupefacta, de pie y con la boca abierta, los latidos del corazón se le aceleraron y la cubeta se le cayó de las manos. Tenía los ojos ensanchados, no podía dejar de ver el panorama que tenía en frente. La habitación estaba totalmente saqueada. Sobre el escritorio estaban esparcidos tantos papeles que la superficie no era visible. Bandejas de papeles apiladas y copadas. Cientos de papeles escurrían desde el escritorio hasta el piso como lava. Los cajones del archivero estaban abiertos, había expedientes y documentos esparcidos por ambos lados de los cajones. Sobre La credenza había recopiladores abiertos y documentos que se tambaleaban en el borde. El sofá estaba cubierto con papeles. En el piso solo se veía un pequeño camino desde la puerta hasta él escritorio.

El panorama era de saqueo. La persona de limpieza concluyó que la casa había sido objeto de vandalismo. Estaba en pánico y pensaba que quizás el responsable todavía se encontraría dentro, así que salió corriendo de la casa hacia la oficina de subdivisión de Marie.

Con los brazos levantados en el aire y gritando "¡Llamen al 911!" ¡Llamen al 911! El gerente de la oficina fue capaz de obtener detalles de la información imprecisa proporcionada por la servidumbre histérica. Llamó rápidamente a la policía y contactó a Marie para darle la noticia del saqueo.

Marie corrió hasta su casa, bajó de un salto de su BMW y se acercó a la mujer que le ayudaría con la limpieza. El gerente que se encontraban afuera de su oficina. La policía estaba tomando fotografías y rociando con un fino polvo la perilla de la puerta, haciendo un esfuerzo para encontrar huellas dactilares. Marie echó un vistazo y concluyó que realmente nada en absoluto estaba fuera de lugar. No obstante, con toda esta situación de luces girando, patrulla, policías, detectives y mujer de limpieza angustiada, pensó que lo mejor sería guardarse la verdad para sí misma. Ligeramente aturdida, aceptó un portapapeles que le entregó un policía y respondió con un "sí" a la petición de llenar un formato de "bienes faltantes".

La mujer de limpieza se calmó, la policía se despidió. Marie caminó lentamente por su oficina, quitó algunos papeles de la silla del escritorio y se desplomó. Buscó sobre la parte superior del cajón del escritorio y se las arregló para encontrar mi tarjeta de presentación que tenía desde hace dos años, me llamó para contarme esta historia.

"¡Es tan vergonzoso!". Me dijo Marie por teléfono. "Sabes, siempre he vivido así". "¡Recuerdo que cuando estaba en la Universidad tuve tres compañeras de dormitorio diferentes en un año! se mudaban después de vivir conmigo, el problema comenzaba cuando mi escritorio se cubría de papeles y después las pilas caían al suelo. ¡Cuando el piso estaba invadido, continuaba apilando sobre la cama, e incluso en el burro de planchar! Lo hacía desde que era estudiante. Posteriormente tuve alrededor de una docena de asistentes o secretarias. He probado todo tipo de archivadores, cajas de archivo, separadores de colores". "He comprado todo tipo de artefactos para organizar. Puedo organizarme por un periodo corto de tiempo, pero ¡luego boom!, las cosas regresan a su lugar de origen nuevamente... y ahora me pasa esta situación", suspiró con resignación.

LA AHORRADORA GRACE

El esposo de Grace, Art, me llamó por teléfono un día de junio. Art es un señor sureño ya mayor, me dijo que él y Grace habían estado casados por 37 años. Criaron a tres hijos maravillosos y, simplemente adoraban a sus once nietos. Ahora que Grace se ha jubilado al igual que él, pensó que iban "Alinear a todos sus patos," es una expresión sureña que se utiliza cuando se quiere dedicar tiempo a organizar sus pertenencias. Art continuó proporcionándome detalles sobre su vida juntos y sus futuros planes. Comencé a preguntarme por qué me había llamado. Todo lo que platicaba se escuchaba tan perfecto.

Justo entonces bajó la voz a un susurro y por un momento pensé que algo estaba mal con el teléfono. "Comparto mi casa con 364 envases de margarina", susurró.

"¿Disculpa?, ¿dijiste: envases de margarina?". Le pedí que repitiera por que no creía lo que estaba escuchando. "Sí, envases de margarina, y ocupan todo el espacio de nuestra alacena de cocina", Art continuo: "y "no sólo eso, Grace también guarda cada bolsa de plástico y de papel que le dan en el mercado. Todo comenzó cuando los niños eran pequeños, admiraba su manera de ahorrar, pero ahora todas estas cosas abarrotan la casa y no puedo tirarlas. La llamo "Grace la ahorradora". Art continuó hablando en voz baja y suave, era como si estuviera dentro de un armario.

"Una vez la llevé a una planta recicladora. La idea era que dejara los envases si veía que podrían ser de utilidad a alguien más, pero solo dejo algunos y después se arrepintió. Incluso, una vez fui con ella a una fiesta Tupperware ¡yo era el único hombre allí! Fue muy vergonzoso. Pensé que, si le compraba contendores de mejor calidad, podría soltar los envases. Grace compró contenedores de mejor calidad, pero se mantuvo firme en no deshacerse de las bolsas y envases. Ahora que Grace está jubilada, tendrá más tiempo libre, esto me preocupa, nos estamos quedando sin espacio". Art susurró: "¿puedes ayudar a Grace?".

"¿Sabe Grace que me estás llamando?" Le pregunté. Yo estaba preocupada de que Grace nos fuera atrapar en la llamada, dada la forma en que estábamos conversando, lo acusaría de tener una aventura.

"¡NO! ¡Grace está en la tienda comprando la despensa ... y más bolsas!"

¿QUE ES LA DESORGANIZACIÓN CRÓNICA?

Marie y Grace no sólo eran desorganizadas, sino crónicamente desorganizadas. Las personas crónicamente desorganizadas tienen un problema que persiste con el desorden. Es una batalla constante y lo padecen sin importar lo que pase. De hecho, los sinónimos que el diccionario maneja para "crónicos" son "persistentes", "constantes" y "aguantadores". La desorganización crónica tiene una larga historia, socava la calidad de vida día con día y se repite una y otra vez.

La Desorganización Crónica es Desorganización Con Una Larga Historia

Grace ha tenido problemas con el orden en el interior de su casa la mayor parte de su vida adulta. Recuerdo una anécdota que me contó cuando nos conocimos:

> En una ocasión cuando mi hermana y sobrina me visitaron, pusimos en orden a toda la casa. Tiramos cosas que no había usado durante años. Me sentí bien. Organizamos todos los platos, vasos, ollas, sartenes. Al mismo tiempo Art nos construía un estante en él que colocábamos todo tipo de contenedores de plásticos, como los envases de margarina. Doblé mis bolsas de basura de papel y las coloqué cuidadosamente detrás del refrigerador. Tiré un puñado de bolsas de plástico y mantuve un pequeño inventario en él cuarto de servicio, pero al pasar solo unos meses, todo estaba como si nunca hubiéramos hecho nada. Las bolsas que estaban detrás del refrigerador se asomaban por todos lados. Las repisas estaban todas revueltas nuevamente. las bolsas de plástico habían invadido todo el cuarto de servicio y yo había acumulado tantos empaques de margarina que Art tenía que construir dos estantes más. Estoy segura de que mi hermana y mi sobrina pensaron que no aprecié su ayuda y Art cree que soy una floja y no tengo cordura. ¡tal vez tenga razón!

La Desorganización Crónica Mina la Calidad de Vida Día Con Día

Claramente la calidad de vida de Grace es minada por el nivel de desorden crónico. El desorden provoca tanta incomodidad a la misma persona como a los miembros de la familia, amigos y compañeros de trabajo.

Marie nombró a su oficina "el país extranjero". "Yo bien podría ser una turista en ella", confiesa. "Nunca encuentro lo que necesito cuando lo necesito. Pierdo mucho tiempo buscando documentos perdidos, llego tarde a las citas y no me preparo para las reuniones".

Cada día el desorden crónico va desgastando la calidad de vida y se crea un estrés y ansiedad cotidianos. Este tipo de desorganización amenaza sin medida la seguridad laboral, daña relaciones y baja la autoestima.

La Desorganización Crónica Se Repite

Un rasgo nocivo de la desorganización crónica es su "cronicidad". Marie y Grace han tratado de ser organizadas. En sus numerosos intentos por organizarse, Marie ha adquirido numerosos archivadores, variedad de cajas y una serie de agendas o planificadores que ha intentado clasificarlos alfabéticamente. Ha contratado recepcionistas, secretarias y asistentes administrativos. Aun así, no importa lo valiente que sea el intento, en tan solo unos meses la oficina de Marie se verá como si le hubiese pasado un tornado.

En cuanto a Grace se refiere, se siente abrumada antes de comenzar. Ya visitó a un terapeuta, pidió ayuda a su familia, incluso tomó clases de como eliminar el desorden. Se las arregló para deshacerse de algunos desechables, pero siempre logra reponerlos y con más ganas.

Si responde afirmativamente a las preguntas siguientes, usted es crónicamente desorganizado. Si no responde afirmativamente a todas, está a tiempo para beneficiarse de las ideas y propuestas de organización que sugiero en este libro. ¡Después de todo, nada se pierde, si funciona para personas crónicamente desorganizadas, imagina lo que puede hacer por usted!

¿ERES UNA PERSONA CRÓNICAMENTE DESORGANIZADA?

Responde las tres preguntas:

- ¿La mayor parte de tu vida ha sido un reto tratar de ser organizado?
- ¿Tu desorden afecta negativamente la calidad de vida en el día a día?
- ¿No has sido capaz de mantener el orden?

¿POR QUÉ ALGUNAS PERSONAS SON CRÓNICAMENTE DESORGANIZADAS?

No es que Grace esté loca o que ella o Marie sean perezosas. Es interesante analizar cómo la mayoría de las personas, incluso las que odian ser desordenadas, han sido capaces de lograr algún nivel de orden y poder mantenerlo; mientras que para otros el nivel de organización les afecta tanto que deteriora su calidad de vida. Sin embargo, cualquiera que sea el resultado en ambos grupos las personas son similares. Entonces, ¿por qué ser ordenado y mantener el orden es todo un desafío para algunos?

La mayoría de la gente ordena de manera tradicional. Estas personas son capaces de organizarse y mantenerse organizados porque responden bien a los procesos de organización con métodos convencionales. Estos métodos tales como sistemas de archivo, almacenamiento y gestión del tiempo tienen cierta lógica para ellos. Si usted, piensa, aprende y organiza dentro de la lógica de esos sistemas, es posible lograr y mantener el orden.

Pero las personas crónicamente desorganizadas no son convencionales. Estas personas piensan, aprenden y se organizan de maneras no convencionales. Veamos un ejemplo: Mary no despertará un día, pensará y dirá: zas "ahora lo entiendo". ¡Finalmente me doy cuenta de cómo archivar! Le pondré un nombre, título o tema a un papel, escribo ese nombre en una carpeta y coloco el papel dentro de la carpeta. Encuentro todos los papeles con el mismo tema y los archivo en esa carpeta.

Posteriormente coloco las carpetas dentro de un archivero. Establezco categorías para los temas y archivo todas las carpetas por categoría en el archivero. Si por algo saco una carpeta con documentos, la regreso a su lugar correspondiente una vez que haya terminado de utilizarla".

"Desde el punto de vista del intelecto, Marie sabe el teje y maneje", solo que la manera en que ella piensa y ordena como archivar documentos, se contrapone con los métodos de organización tradicionales. Marie sólo tiene una noción muy vaga de como un documento se debe categorizar, ya sea por tema o título en un momento dado. Un día podría clasificar un tema y al día siguiente cambiar esa clasificación. Por tal motivo no archiva y como resultado no encuentra lo que busca, al menos no de manera tradicional. El marco de referencia para ordenar papeles no está basado en la lógica. Descubrirás, como yo lo hice, que ciertamente hay un método para la locura de Marie. Resulta que Marie organiza sus documentos de manera emocional y no lógica.

EL MITO "DE UNA VEZ Y PARA SIEMPRE"

Los sistemas y métodos de organización tradicionales son herramientas "de una vez y para todos". Debido a que no todos organizamos de la misma manera, el "para todos", deja desatendidas a las personas crónicamente desorganizadas. Marie no piensa de manera lógica, al menos no cuando se trata de ordenar sus documentos. Los métodos, sistemas o herramientas de organización que actualmente están disponibles son aquellos basados en la lógica y estos no le funcionan. **La desorganización crónica nace como consecuencia de las personas que ordenan de una manera no tradicional y sienten que no encajan en las técnicas de organización convencionales que actualmente existen.**

Usted se podría preguntar, ¿por qué Marie no puede ordenar de manera tradicional o lógica? Honestamente, no lo sé. Organizar, de manera aprendida, como todos los comportamientos aprendidos, es un fenómeno muy complejo. Esto implica desde la forma en que se procesa la información neurológica, hasta factores sociológicos complicados como la exposición y la integración de las habilidades organizativas y otros factores psicológicos que ni siquiera podría describir. El avance es que reconozcamos que no todos nos ordenamos de la misma manera. Aquellos que por cualquier razón no ordenamos de la misma forma, (es posible que nunca sepamos la verdad), necesitamos métodos, sistemas o herramientas no tradicionales.

LA DESORGANIZACIÓN CRÓNICA PUEDE SER CONQUISTADA

Las técnicas de organización revolucionarias de este libro han demostrado ser eficientes para las personas crónicamente desordenadas. Estos métodos proporcionan una mejor opción para los estilos no tradicionales con los que las personas crónicamente desorganizadas aprenden y ordenan. Estas técnicas revolucionarias también tienen la cualidad de conquistar la desorganización crónica y hemos analizado la falacia de "para siempre" parte de "de una vez y para siempre" y "una vez" también es una parte deficiente.

Si usted es crónicamente desordenado, entonces el desorden no sólo ha marcado su pasado, sino que, con toda probabilidad, marcará su futuro. La realidad es que la tendencia a ser desorganizado está presente siempre en las personas crónicamente desorganizadas. Esto es inminente. La desorganización puede regresar en un corto período de tiempo. No se puede organizar todo de una vez y esperar que perdure. Tal vez esto es una contradicción. Por un lado, este libro habla sobre como conquistar la desorganización crónica, por otra parte, afirma que la desorganización crónica es inminente. ¿Acaso la idea principal no es conquistarla y ponerle fin? Sí. Pero no se lograría con propuestas de organización comunes o tradicionales que no ayudan a la parte "crónica" de la desorganización. Los métodos radicales contenidos en este libro ofrecen herramientas "anticrónicas" integradas. Estas herramientas anticrónicas fueron creadas como poderosas estrategias para conquistar la desorganización crónica.

La desorganización crónica puede ser conquistada. Estas no se pueden manejar como una cura porque no es una enfermedad. Quiero hacer énfasis en este punto en especial, ya que vivimos en una era que convierte las desigualdades de las personas en problemas médicos. No se ha sabido de algún mal funcionamiento del cuerpo o la mente que se convierta en una enfermedad, deficiencia o desorden conocido como desorganización crónica. La desorganización crónica no es una afección médica. Ciertamente este tipo de desorganización puede estar acompañado por algún desorden obsesivo-compulsivo, depresión clínica o algún otro padecimiento mental. Si estos padecimientos son a largo plazo, la desorganización pudiera convertirse en crónica. Hay que tener muy presente que la desorganización crónica es una cuestión que tiene que ver con la calidad de vida, no con una condición médica.

LA ORGANIZACIÓN
EMOCIONAL

AHORA CON SENTIMIENTO.

"¡Malditos reportes! Esto no es más que basura de relaciones públicas, personas que no tienen mucho por hacer. ¡Y ve esta carta! ¡No puedo creer que todavía no le haya respondido! Y estas cosas de aquí ... mis clientes siempre están preguntando por esa información, pero ¿crees que podré encontrarlo cuando lo necesite? No, y todo es porque soy muy desorganizada"

"Finalmente, Marie termina su discurso en tono defensivo. Parada en el centro de su oficina, con la pila de papeles a la altura de la rodilla hace una pregunta: "así que ahora, ¿vas a enseñarme como archivar?"

"No, ciertamente no", respondí.

"Bueno entonces, ¿qué vamos a hacer?"

" Vamos a continuar mascullando."

"¿Mascullando?" exclama Marie: "¿A qué te refieres con seguir mascullando?"

"Mascullando como lo estás haciendo en este momento. Sólo caminas por la oficina, tomas algunos papeles y mascullar es lo primero que viene a tu mente. Por ejemplo, este informe, dijiste que no era más que basura de relaciones públicas y con esta carta, ¿qué dijiste? Ah sí, "no puedo creer que todavía no he le dado respuesta"".

"Estás bromeando", dice Marie. "¿De verdad quieres que siga despotricando y gruñendo?"

"Sí".

Marie me miró fijamente por un momento y comenzó a caminar a través de su oficina y yo detrás de ella con una pila de carpetas en mis brazos. En una de ellas escribí en la pestaña "Basura de relaciones públicas" "No puedo creer que todavía no le he respondido" puse en otra, y coloqué los documentos correspondientes dentro. "Necesito copiar esto", dice Marie, agitando un documento en el aire mientras estoy un paso atrás, como la serie de la Sra. Goosh en la Tía Mame. Escribo rápidamente "Necesito copiar esto" en la pestaña de otra carpeta y le quito el documento que está ondulando con su mano.

"¡En sueños!" Marie exclama agitando otro documento hacia mi. "En sueños" es una carpeta popular de masculleos. Tenemos que usar un archivo expandible para almacenar todas las categorías de los sueños de Marie. Hay información de publicidad sobre la nueva computadora que Marie quiere comprar, pero por ahora no puede costearla. Revistas sobre ideas de decoración que tendrán que esperar y demás artículos valiosos por los que vale la pena soñar, pero no tanto para que estorben en la oficina.

"¿Por qué No Puedo Encontrar Esto Cuando lo Necesito?" Esta es una carpeta de masculleo especialmente importante, en ella guardamos varias hojas sueltas con datos, estadísticas e información de investigación. Marie siempre necesita esta información en situaciones críticas, pero nunca la encuentra.

"Me gustaría haber pensado en eso", es otra murmuración muy útil. Son aportaciones de varias personas que a Marie le han llamado la atención por ser inteligentes, ingeniosas o valiosas que espera ponerlas en práctica algún día. "Tengo que llamar a estas personas", reemplaza una mirada salvaje dirigida a un fajo de libretas para mensajes color rosa. "Este atado envía un claro mensaje de que estas llamadas son obsoletas", comenta Marie.

El masculleo más significativo es la carpeta que ella llama "Estas cosas podrían volver para atormentarme nuevamente". Una vez creada, Marie apenas se imagina cómo ha vivido sin ella.

Marie y yo tenemos la habilidad de murmurar entre dientes por toda la oficina. Invertimos seis horas en dos días, cuando terminamos el escritorio nos dimos cuenta que lo habíamos recuperado. Los papeles sueltos por fin han desaparecido de su credenza. Las pilas del piso ya no están, las cajas desaparecieron, por fin nos podemos sentar en el sofá despejado. Marie observa fijamente el panorama de la oficina ordenada y dice: "¡no lo puedo creer!". Hace tiempo había organizado mi oficina y poco tiempo después, me dio ansiedad por que me tomó aún más tiempo encontrar lo que buscaba, todos mis recordatorios visuales habían desaparecido. Confiaba en que mis documentos estuvieran guardados en ciertos sitios. ¡Incluso buscaba señales distintivas como manchas de café! Así que cuando estuvieron fuera de mi vista guardados en carpetas y archivados en los gabinetes, entré en pánico, pero en esta ocasión me siento diferente. Mis papeles están guardados y sé dónde están. "cada uno 'vive' en una carpeta de masculleo que hemos creado.

"No me siento tan confiada como Marie sobre su capacidad de recordar en qué carpeta está guardado cada documento. Así que realizamos una pequeña prueba.

"¿Dónde está la lista de inspectores de plagas?"

Ah, eso es fácil, está en la capeta que dice: "Cosas por las que los Clientes que Me Fastidian". "¿Y qué pasa con el recorte de revista sobre los manteles de encaje inglés?" Ella piensa por un momento y dice: "¡en la carpeta en sueños!"

Está claro que Marie es una organizadora poco convencional. Su gran capacidad para desempeñarse de manera personal y emocional la hacen una persona afable. Esta estrategia le ha funcionado bien como agente inmobiliario, pero esta misma fortaleza es una debilidad cuando se trata de organizar. Marie ahora es una exitosa gestora de papeles porque el Juego del Masculleo optimiza su orientación emocional a los documentos que la rodean.

Tú también puedes aplicar el Juego del Masculleo. Las reglas son fáciles, para comenzar, a continuación, hay una lista de masculleos sugeridos ... pero no te limites, estas son sólo algunas ideas. Escucha tus sentimientos y reacciones. ¡Deja fluir tu propio yo!

¿COMO APLICAR EL JUEGO DEL MASCULLEO?

- Busca un compañero para el masculleo.
- Proporciona al compañero las carpetas con pestañas. Se sugieren las que tienen pestaña corrida en lugar de las que vienen cortadas(No use las que son de 1/3 o 1/5).
- Dale al compañero un marcador punto fino negro.
- Mientras caminas por tu oficia ve levantando papeles.
- Murmura la primera frase que te viene a la cabeza con cada hoja que ves.
- Que tu compañero para el Juego del Masculleo escriba en la pestaña de la carpeta lo que has murmurado y que lo guarde dentro.

MASCULLEO FRASES SUGERIDAS

- Esto Podría Atormentarme.
- Los Clientes Me Fastidian Por Esto.
- Mis Sueños.
- Cosas Que No Encuentro Cuando Las Necesito.
- Ideas Geniales Que Me Hubiera Gustado Tener.
- Cuando Gane La Lotería
- No En Esta Vida.
- Tesoros.
- Cosas Por Las Que Me Siento Culpable.
- Material Sexy.
- Debo llamar a Estas Personas.
- Mi Punto de Vista.
- ¿Ya Me Pagaron Esto?
- Malas Ideas.
- El Recaudador.
- Cosas Graciosas.
- Me Hace Sentir Bien.
- Pagar Mis Deudas.
- Qué Días Aquellos.
- Correspondencia Hostil.

Miedo De Archivar

Marie, como muchas personas crónicamente desorganizadas, tiene miedo de archivar. Este miedo no es una fobia o miedo irracional. De hecho, es un miedo racional. Si eres del tipo de persona que piensa que las cosas "Fuera de la vista están fuera de la mente", realmente perderás la noción de los documentos que no están frente a ti. Es por eso que hay tantas personas crónicamente desorganizadas que apilan y apilan papeles y hacen todo lo posible para asegurarse de que sus documentos no desaparezcan en el hueco oscuro del cajón del archivero.

He visto a Marie intentar recuperar alguna carpeta del interior del archivero y su expresión no es agradable. Sus ojos se ponen vidriosos, superada por algo parecido a la "ceguera del refrigerador", un padecimiento común entre los adolescentes. Los adolescentes abren el refrigerador, se inclinan echan un vistazo de cerca, exploran el espacio y no ven nada cuando hay una amplia variedad de comida, concluyen que no hay nada para comer y cierran la puerta. No ven la comida. De esta misma manera Marie no "ve" el sistema de archivo dentro de su mueble.

Decidimos organizar las carpetas del masculleo en orden de pánico, una técnica emocional muy poco convencional pero eficaz. El orden de pánico es el proceso de organizar carpetas verticalmente en el escritorio de acuerdo a la severidad de lo que puede salir mal. Este es un proceso excéntrico y muy personal. Marie decide escribir en la pestaña de la carpeta "Tengo

Que Llamar a Estas Personas" y la coloca en la primera fila en el interior del escritorio. Le sigue la carpeta "No Puedo Creer Que Todavía No Les He Dado Respuesta". Por la mente de Marie pasa que, si no hace estas llamadas, muchas cosas pueden salir mal, así que pone estas carpetas en la parte de en frente.

Imagen
Nacho Eguiarte©

Organiza tu escritorio con carpetas de masculleo en orden de pánico.

El orden de pánico de los archivos de Marie está orientado a la acción. Representan en términos emocionales, cosas pendientes por hacer. Las carpetas que no requieren acciones se colocan en un maletín de archivo. Los maletines de archivo son similares a un neceser de viaje, se encuentran fácilmente en tiendas de artículos de papelería o tiendas de autoservicio. A diferencia de las credenzas para documentos en forma horizontal, en los maletines se cuelgan las carpetas verticalmente. **La visibilidad en el acomodo vertical es superior a la del acomodo horizontal.**

Imagen
Nacho Eguiarte©

Maletín de Archivo

Quiero señalar que existen algunos archivos cuyo acomodo ya sea de manera alfabética o cronológica es mejor. Tales como los archiveros con cajones para expedientes o declaraciones de impuestos.

HERRAMIENTA
ANTICRÓNICA

Encuentra Un Compañero De Masculleo

¿Marie podrá mantener su sistema de archivo emocional? ¿Qué se necesita para que lo siga conservando, sabiendo que la desorganización siempre está tocando la puerta? Marie tiene una compañera de masculleo con la que se reúne una vez al mes. Se llama Nancy. Es una joven que recientemente acaba de obtener su licencia en el giro inmobiliario, más no está interesada en tener su propio negocio. Le ayuda a Marie con varias tareas de la inmobiliaria. Una tarde nos reunimos las tres, Marie y yo le mostramos a Nancy el Juego del Masculleo. Una vez al mes, Nancy y Marie ponen en práctica el Juego del Masculleo. Desechan documentos no necesarios, crean nuevos archivos emocionales según se requiera y archivan papeles sueltos.

Marie ha reorganizado con éxito el aspecto de gestión de documentos, al alejarse de los sistemas de archivo basados en la lógica, y acercándose a un sistema basado más en las emociones. Marie es bastante abierta con sus emociones, se expresa de manera natural. Tal vez por eso el Juego del Masculleo funciona tan bien para ella.

¿DÓNDE DEBO ARCHIVAR MI PREMIO NOBEL?

Richard no es tan expresivo como Marie. Es un científico e investigador. Trabaja para el Centro de Control de Enfermedades en Atlanta. Richard recibió una nominación para el Premio Nobel de Medicina. Lo conocí en una cena ofrecida en su honor, todo me quedo más claro cuando lo escuche hablar desde el podio. Richard es un hombre humilde y se intimida cuando siente la atención del público, no se sentía nada cómodo en absoluto dando el discurso. Más tarde, en algún momento estábamos uno al lado del otro, haciendo malabarismos con platos, los entremeses en una mano y las bebidas en la otra. Richard se mostró muy interesado en mis habilidades y me invitó a su oficina.

Las pilas de papeles en su escritorio lo ocultan completamente. Ni siquiera se da cuenta si alguien entra a su oficina porque no alcanza a ver la puerta cuando está sentado. Montones de papeles están en el suelo sostenidos sólo por la gravedad. Cuando una pila comienza a inclinarse por la altura excesiva, simplemente se parte por la mitad como un mazo de cartas.

Estoy interesada en descubrir cómo Richard organiza sus documentos. Tomo un documento al azar y me doy cuenta de que es un aviso de la oficina de recaudación de impuestos, es un aviso sobre una inminente auditoría fiscal. Le pregunto a Richard dónde puede archivar este documento. Piensa por un momento y luego responde: "yo lo archivaría en la G". ¿"A" por auditoria, ¿"R" por recaudación, I por Impuestos es lo que viene a mi mente, ¿pero "G"? Bueno, estoy perpleja. Richard explica que un cliente muy importante le regalo un gato — un gato muy caro de pedigrí. Al parecer, el gato se enfermó y Richard lo llevó a un veterinario para su atención. Fueron varias visitas al médico, inyecciones y posteriormente una cirugía. La factura de los gastos alcanzaba una pequeña fortuna. Le tenía cariño al gato, no obstante, resentía el costo del tratamiento, así que dedujo los gastos de sus impuestos sobre la renta, por ser un regalo de un cliente. Como resultado de esta decisión al deducir el regalo del cliente de sus impuestos, levanto una bandera roja y la oficina de recolección de impuestos la vio. Como consecuencia lo estaban auditando. "G significa Gato", dice Richard, desentrañando el misterio.

Richard piensa en sus documentos de una manera tortuosa. Un pensamiento conduce a otro y luego a otro hasta aclarar un tema, asunto o idea, pero cualquier cosa es inútil. La clasificación y búsqueda de archivos es a menudo difícil para las personas crónicamente desorganizadas cuyo pensamiento es enrevesado, tangencial, divergente o cualquier otra forma no convencional. Pero la organización emocional puede venir al rescate.

Creamos tres áreas temáticas de orientación emocional y designamos un cajón del archivero para cada uno. "Mantenme Fuera De La Cárcel" es el primero. En él archivamos los pagos de la pensión alimenticia, infracciones de tránsito y notificaciones de auditoría de la oficina de impuestos. Todo en ese cajón está relacionado con la idea de que, si se deja sin vigilancia, Richard podría ser enviado a la cárcel. El segundo cajón está etiquetado como: "Quitarme Personas De La Espalda", que contiene temas con consecuencias menos graves, como facturas, reportes y otros documentos.

El tercer cajón se llama "Yo". El cajón "yo" almacena la carta de nominación al Premio Nobel y otros documentos como pólizas de seguro, créditos de educación continua y sus numerosos premios.

Richard puede encontrar casi cualquier cosa en diez minutos. Aun así, no es un sistema de archivo que recomendaría, incluso con las personas crónicamente desorganizadas. Los temas por categoría son demasiado extensos para la mayoría de las situaciones a la hora de organizar. Comparto la historia de Richard porque es un ejemplo de como la organización emocional ayuda a un organizador no convencional.

SALVANDO A LA AHORRADORA GRACE

Durante mis diez años como organizador profesional, he tenido una cantidad considerable de clientes que son acumuladores con un problema psicológico diagnosticado llamado Trastorno Obsesivo-Compulsivo (TOC). Por diferentes razones, la inmensa mayoría de "cachivacheros" como Grace simplemente tienen demasiadas cosas que han acumulado durante mucho tiempo en un espacio muy reducido. Grace es elocuente acerca de sus motivos para atesorar; su juventud la pasó durante la Gran Depresión con una historia de privaciones y la satisfacción al encontrar propósitos por las cosas. Consciente de que su tendencia a almacenar está fuera de norma, en poco tiempo Grace buscó ayuda. La asesoría le proporcionó a Grace aún más revelaciones de por qué acumula. Padres insensibles que tiraron un preciado juguete antes de tiempo y la necesidad de compartir todo con todos sus hermanos, fueron dos razones identificadas por las que la Grace acumula.

Entre las muchas otras cosas que Grace almacena están sus gustos y motivos para coleccionar. De hecho, junto con los botones, tornillos y macarrones que se encontraron en los envases de margarina, al menos esperaría saber razones, una de ellas fue guardarlos para ser utilizados cuando fuese necesario. Creo en las razones que Grace tiene para guardar. No tengo motivos para dudar y confío en su sentido, pero el punto es que sus motivos no le ayudan a ver más allá del problema en el que se encuentra.

En su libro *I've Got To Get Rid Of That Stuff! (Tengo Que Deshacerme De Estas Cosas)*, Sandra Felton dice:

> *El problema que abarca el desorden y el acumulamiento, no parece ceder apropiadamente ante este enfoque. No se tiene que entender por qué se acumula a fin de dejar el pantano en el que se encuentra por un espacio ordenadamente satisfactorio, con el apoyo de un estilo de vida libre de desorden y el deseo de coleccionar. Para algunas personas buscar por este tipo de entendimiento es una manera de seguir estancando el duro proceso del cambio. Aunque puede ser útil en muchas maneras, la psicoterapia tradicional no es la mejor opción para superar el problema de acumulación compulsiva.*

Le recuerdo a Grace que no soy psicóloga y que no puedo cambiar su forma de ser, aunque quisiera. "Lo que deseo es cambiar la forma de guardar. Me surge una idea. Sé que va a sonar poco descabellado al principio, pero vamos a darle una oportunidad ", le digo.

"Muy bien dulzura", ella responde con amabilidad. (en el Sur, cuando alguien te llama dulzura, suena como un cariño, pero realmente significa mucho más. Significa que alguien está poniendo toda su confianza en ti. Es una gran responsabilidad que te digan dulzura).

Grace y yo implantamos una técnica de organización emocional que se llama Amigos, Conocidos y Extraños. Entre los 364 envases de margarina, Grace selecciona a sus 100 amigos. No le doy ningún criterio para elegir a sus amigos porque no importa. Lo que importa es el uso personalizado del término Amigos, este le permite a Grace separar algunos envases de otros. Esta técnica abre una pequeña ventana de oportunidad para reducir su colección.

Reacomodamos a los 100 amigos de Grace y empezamos a trabajar con los extraños. Sugiero un criterio para los extraños. Grace es una mujer amistosa y se dice que ella "No conoce extraños". Esta es una expresión sureña para motivar a las personas a que se relacionen. Por esta razón, creo que es importante para Grace tener algunas pautas para definir lo que es un Extraño. "Nadie quiere a un Extraño en su casa por mucho tiempo. Esa es la idea, es mejor pedirles que se vayan", le pido que saque 89 envases que representan a los Extraños. Si 100 amigos se quedaran y solamente desecha a 89 Extraños, entonces necesitamos pensar que hará con los 175 Conocidos.

Estoy pensando qué actividad emocional le pediré a Grace que realice para que se deshaga de sus Conocidos. Reciclar los envases en botas para el ejército, no tiene ningún sentido para Grace. Tal vez si hacemos algo relacionado con la caridad tendrá un mejor efecto.

Grace y yo decidimos ir a la iglesia. Soy judía y me gusta profesar mi propia fe, he estado a menudo en las iglesias, especialmente en el sur. ¡Cuántas cosas he visto ahí! He asistido a servicios ecuménicos de paz, eventos de redes de negocios, servicios de oración comunitaria para pacientes con SIDA y mítines políticos, todos en iglesias.

Este día, Grace y yo estamos en la iglesia para platicar con el coordinador de una organización de beneficencia para madres. Esta organización proporciona ropa adecuada a las mujeres que tendrán una entrevista de trabajo porque se quieren reintegrar al campo laboral. Por otro lado, también les proveen muebles básicos para el hogar. Las madres de esta organización son demasiado pobres para comprar Tupperware™ y demasiado ahorrativas para deshacerse de cosas. Los envases de Grace son perfectos. Que suerte. ¡Grace cede los 175 envases y Art, su marido, me envía una docena de rosas!

CÓMO PRACTICAR LA TÉCNICA DE AMIGOS, CONOCIDOS Y EXTRAÑOS.

- Despeja una mesa, área del piso u otra superficie para la clasificación.
- Reúne los artículos y ponlos en la superficie para su clasificación.
- Cuenta la cantidad de artículos que se van a clasificar.
- Escoge un tercio para los Amigos.
- No te preocupes por el por qué. Sigue el instinto. Cuanto más rápido selecciones los Amigos mejor.
- Identifica los Extraños e inmediatamente deshazte de ellos. Mejor aún, si tienes algún familiar u otra persona que te ayude a descartar, reciclar o donar es mejor. Esto con la finalidad de que no te sientas tentado a cambiar de opinión y desistas.
- Busca alguna fundación altruista y dona tus Conocidos.

Proporción De Entradas Y Salidas

Me preocupa que Grace reconstruya su colección. Recuerda, ella es crónicamente desorganizada. Su tendencia a acumular siempre estará presente. ¿Será que en tres meses más Grace se abastecerá de nuevo con los envases de margarina? Para controlar los inventarios de los envases a su nivel mínimo, entramos en negociaciones. Nuestros acuerdos buscan una proporción equitativa de cuántos envases se descartarán por cada envase nuevo que se agregue.

Grace es hábil para negociar.

Le propongo que salgan diez envases por cada uno que ingrese. Ella sugiere sacar dos por cada uno que llegue. Finalmente llegamos a un acuerdo, cinco envases serán desechados por cada uno que se integre. Esta técnica de proporción de entradas/salidas, más la técnica de los Amigos, Conocidos, y Extraños. La colección de envases de Grace está controlada permanentemente.

Aquí están algunas proporciones en relación a las entradas y salidas:

1:1 Un objeto viejo debe salir por cada nuevo que entra, así mantendrás el control de tu colección a un nivel normal.

1:2 Dos artículos viejos por un nuevo elemento disminuirá lentamente tu vieja colección a medida que se actualiza con nuevos productos.

1:3 Tres objetos viejos por uno nuevo, comenzarán a reemplazar tu vieja colección por nuevos objetos, aparte **disminuirá** su enorme colección.

1:5 Cinco artículos viejos para cada artículo nuevo, disminuirán tu enorme colección **permanentemente** y sólo te quedarás con lo mejor de tu colección existente.

Implantar la técnica de Grace sobre el apego emocional para los envases de margarina junto con el juego de los Amigos, Conocidos y Extraños. Es un buen ejemplo de lo que una conducta con tendencia a acumular objetos que son "poco necesarios" puede modificar. Cuando digo "poco necesarios" me refiero a los envases de margarina y a otros artículos impersonales, lo que la mayoría de nosotros llamaríamos desechables. La mayoría de las personas, incluso las que son crónicamente desorganizadas, tienen poca necesidad de poseer un buen número de artículos que son desechables. Existen otros artículos que son personales como la ropa, recuerdos o libros estos son buenos ejemplos de objetos tiene una "necesidad elevada". Casi nadie quiere desprenderse de los libros porque nos sentimos más cercanos a ellos. Cuanto más personal o Íntimo es un objeto, mayor es la necesidad de apego y menor el deseo de separarse. Entonces, ¿cómo se podría utilizar la herramienta de la organización emocional cuando estás rodeado de artículos con demasiado apego?

¿ESTO ME NECESITA?

La colección de libros de Brian es enorme y su apartamento es pequeño. Aunque vive solo, comparte el espacio con un perro grande. Ama su perro y también a sus libros. Hace unos días el perro se recargó en el librero y este se vino encima de él estrepitosamente. Gritando como un cerdo, el perro se salvó casi sin lastimarse. Brian pasó la mayor parte del sábado re-ensamblando el librero, reacomodando los libros y consolando al perro. Este accidente fue el detonante para que Brian me llamara. Un lector voraz e incluso un ávido comprador de libros, Brian es lo que el autor Tom Raabe llama cómicamente "librohólico" a alguien con un apetito insaciable de poseer libros.

No había dormido bien la noche anterior cuando que me reuní con Brian y me sentía bastante somnolienta cuando nos reunimos para organizar sus libros. De pie en el centro de su apartamento me recordó a las Cavernas Howe en el norte del estado de Nueva York. Las visité cuando era niña. Las estalactitas y estalagmitas crecieron en esa gran cueva, era tan densa en algunos lugares, que tenías que escurrir el cuerpo a través de pequeñas aberturas para cruzar la cueva. Recuerdo claramente la sensación de no querer moverme demasiado a la izquierda o ir demasiado a la derecha por miedo a chocar contra uno de estas antiguas estalactitas y que cayeran estrelladas en el piso de la cueva. Esa misma sensación sentí en el apartamento de Brian. Los libros se amontonan tan alto y en tal densidad que un codazo en la dirección incorrecta podría comenzar un efecto dominó y los libros caerían al piso.

No es ningún secreto que en la mayoría de los casos lo que detiene a las personas de deshacerse de sus cosas es una especie de reflejo de ellos mismos, una clase de legado de posesiones con características humanas. No es raro que alguien vea un suéter como "un viejo amigo". Los libros son particularmente íntimos para sus dueños. Cuanto más íntimo es el objeto, mayor es la necesidad de conservarlo.

Brian quiere que le ayude a deshacerse de algunos libros. No tenía ningún plan cuando llegué. De hecho, me sentía cansada y consideré decirle a Brian que tal vez deberíamos re agendar la cita, pero decidí seguir adelante. Así que empecé como de costumbre, con la pregunta clásica, "¿Necesitas esto?" señalo aleatoriamente a un libro y tapo mi bostezo. Sin embargo, debido a mi cansancio la pregunta que sale es "¿esto te necesita?"

Brian me mira y se ríe. "¡Bueno, este es un nuevo planteamiento! Tendré que pensarlo por un minuto. Supongo que ahora que lo pienso, no, ese libro no me necesita. Podemos deshacernos de él". Estaba impresionada. Sin querer había tropezado con lo que más tarde resultó ser un método eficaz para ayudar a las personas con sus cosas de fuerte necesidad.

"¿Esto te necesita?", se convierte en el principio de la personificación. Se supone que el objeto crea una necesidad para el propietario en lugar de que el propietario tenga necesidad del objeto. Acentuando esta corta y ridícula pregunta "¿esto te necesita?", le da a Brian una herramienta para clasificar sus libros. Se entiende que los libros y Brian han recorrido un largo camino juntos y que tienen una relación, pero las relaciones cambian, se rompen y a veces terminan. "¿Esto te necesita?" permite a Brian reconocer que su relación con algunos de sus libros ha cambiado.

Brian se encuentra en un taburete, toma libro por libro y dice en voz alta: "¿esto me necesita?", o "¿esto no me necesita?", como un niño que sufre mal de amores al arrancar los pétalos de una flor mientras dice: "me quiere, no me quiere." Los libros que dice "me necesita" se quedarán en el estante. Los libros que dice "no me necesita" me los entrega y los empaco en cajas. Con el permiso de Brian, los doné a voluntarios de alfabetización y le doy el recibo para que lo pueda deducir de sus impuestos.

La compra crónica de libros se seguirá repitiendo hasta que desarrollemos una estrategia. Usamos la táctica de entradas/salidas. Él puede comprar tantos libros como desee, pero por cada libro que compra, otro debe ser salir ya sea que lo done, lo regale o simplemente se deshaga de él.

Brian comienza a identificar cuáles serán donados a los voluntarios de alfabetización, a estos los llamamos libros de rescate. Convencí a Brian de que los guardara en el sótano. Así deja espacio en el departamento. Entonces, cada vez que Brian compra un nuevo libro, él manda otro a sus libros de rescate.

MÉTODO "¿ESTO ME NECESITA?"

Puedes practicar la técnica de ¿Esto me Necesita? solo o con alguien.

- Consigue una caja grande y vacía.
- Toma un libro, prenda de vestir o cualquier otro artículo personal con el que sientas una gran necesidad de apego y pregúntate, ¿Esto me necesita? Recuerda bien la pregunta no digas: ¿Necesito Esto? sino ¿Esto me necesita?
- Permite que tu corazón responda con un simple sí o no.
- Si el objeto no te necesita, déjalo en la caja.
- Deshazte de la caja.

Utiliza Una Señal

Como táctica que ayude a frenar la pasión de Brian en la compra de libros, usamos al perro. El acuerdo es que, si el perro se golpea o provoca algún libro caiga, Brian debe tomarlo como señal de que el espacio en el departamento se está volviendo demasiado denso con los libros nuevos. El perro debe estar cómodo. Esta técnica mantiene las compras de Brian en control.

Si eres crónicamente desorganizado, necesitarás una señal, algo que te alerte que ya es hora de organizarse. Las señales convencionales como pilas, montones y desorden normalmente no llegan a sensibilizar a la parte emocional. Recomiendo que se utilicen señales que involucren el nivel de comodidad o estética de alguien más no el propio. En el caso de Brian, le damos prioridad a la comodidad del perro. Una persona crónicamente desorganizada que conocí, puso como señal a su hija de cuatro años. Cuando la niña no encuentra un lugar en la oficina o en casa para colorear su libro, entonces es tiempo de ordenar. Otra sabe que es hora de organizar y decide tener invitados una vez al mes. A pesar de que no se siente agobiada por su entorno abarrotado, reconoce que para sus invitados no pudiera ser agradable, por ese motivo organiza una cena mensual. Es una señal inherente para hacer algunos movimientos de orden y limpieza.

LA BELLA ES LA BESTIA

La sabiduría convencional hace hincapié en que, para ser organizado, debes responder a la vieja pregunta de si algo es útil. Tienes que preguntarte si algo es útil o no. Si todavía aporta algún beneficio, mantenlo. Si ya no, se va. Simple. Lógico. Más allá de los parámetros para quienes organizan de manera poco convencional. No es que las personas crónicamente desorganizadas no se puedan plantear la pregunta de si algo es útil para sí mismos. Ellos pueden. Donde las habilidades ya no funcionan es en la lógica del siguiente paso. La ecuación que dice útil = guardar y no útil = descartar. Tan lógico como el beneficio puede parecer, a menudo no es una herramienta motivadora para guardar o descartar algo. Algunas veces es necesario una motivación más emocional.

Ada es la esposa de un Presidente jubilado de la Universidad, que durante mucho tiempo ha sido un líder cívico por decisión propia, él está cerca de los 80 y la mayor parte de su vida ha sido una prominente figura pública. Ada posee una colección gigantesca de correspondencia de amigos lejanos, además de menús de restaurantes exóticos y listas de colaboradores pudientes para la campaña de recaudación de fondos. Estas colecciones ocupan una buena cantidad de espacio habitable en el encantador hogar de Ada. Están esparcidos por todas las superficies incluyendo su cama. Además, ha guardado cientos de columnas de periódicos y artículos de revistas que reflejan su amplia gama de intereses y compromiso con el aprendizaje. Estas colecciones han invadido totalmente el cuarto de huéspedes y otras áreas de la casa.

"Solía pensar en estos artículos como tesoros", su voz suave se escucha en mi contestador automático; "pero ahora son sólo basura!" termina con un tono de voz tan fuerte que apenas puedo creer que es la misma persona. Le regreso la llamada de inmediato, debo confesar que mi verdadero deseo es conocer a esta fascinante mujer.

Una vez que entro a su salón, empezamos a separar cuidadosamente documentos importantes de una pila de papeles. Este es un procedimiento útil que me da pistas sobre cómo una persona con grandes cantidades de papeles puede ser dominada para no dejar ir algunos. Observo que cada vez que Ada aparece con un artículo de revista me comenta acerca de lo linda que es la persona que se la envió, pero no hace comentarios sobre el contenido del artículo en sí. Ada expresa como la impacta el titulo o frase de una columna de periódico, pero no menciona lo interesante de la información contenida en la propia columna. Guarda una carta por el lugar donde se imprimió y no por el contenido de la carta.

Se me viene a la mente que es la belleza y no lo útil lo que refuerza el hábito de acumular. Ada dejará partir algo lindo como cuando lo hace un niño que se deshace de su mantita. La clave es utilizar el buen gusto de Ada y su fascinación por la belleza para que pueda soltar el control sobre las cosas. Me acordé de su mensaje de teléfono: "solían ser tesoros... pero ahora son basura". En lugar de hacer la pregunta si algo es útil o "¿alguna vez usarás esto?" Cambio mis tácticas y le propongo que vayamos a una búsqueda de tesoros.

BUSCANDO TESOROS

Ada le agrada la idea. Es como un minero que busca gemas, hábilmente clasifica documentos y posesiones, diferenciando rápidamente los tesoros de los no-tesoros. Aquellas cosas que no son "seleccionados como tesoros" son descartadas o separadas a un lado para ser regalados. **Los resultados positivos que se generan de la búsqueda de tesoros son más eficientes es una acción positiva, que el resultado negativo de tirar basura.** Por supuesto que guardamos los tesoros, y encontramos maravillosas maneras de atesorarlos. Los menús exóticos están guardados dentro de cajas adornadas. La tapa se abre sobre un cojín bordado a mano donde almacenamos la correspondencia. Dentro de una maleta de piel labrada ponemos artículos de viaje. Los recortes sobre jardinería se meten en bolsas de plástico y se colocan dentro de macetas de barro en el zaguán. A Ada no le interesa darle un uso a cualquiera de estos artículos. Ella sólo quiere tenerlos o, mejor aún atesorarlos.

Busca Apoyo de Terceros para Mantenerse Organizado

La tendencia de Ada a acumular objetos con belleza es constante. No se puede controlar sola. Así que ella y yo hemos llegado a un acuerdo, ir a cazar tesoros tres veces al año. Puedes ir de cazar tesoros con cualquier persona, pero Ada prefiere que yo la acompañe en lugar de su familia o amigos. Como organizadora profesional, soy objetiva. Ada se siente juzgada por su familia y amigos. Su hija una vez le dijo: "¡mamá, sé que estos manteles son muy bonitos, pero nunca los usas, tíralos a la basura!". Ada prometió que lo haría, pero en cuanto su hija se marchó, decidió atesorarlos. Un organizador profesional no juzga y eso hace una gran diferencia para las personas que son crónicamente desorganizadas que tan a menudo son criticadas por la familia y los amigos.

Como medida adicional agendé una cita para que visitemos a un alumno de la Sociedad Histórica local, una vez que hallamos terminado de empacar cada tesoro.

Reunimos las cajas con materiales que podrían tener valor histórico pero que no son tesoros. El estudiante se lleva estas cajas. La Sociedad historia local emite su propia versión de los Caza Tesoros entregados. Recientemente, asistimos a una plática sobre la historia de un colegio local de Atlanta en la cual el marido de Ada fue el primer presidente. Entre los artículos mostrados se encontraba el menú del primer desayuno que tuvieron los profesores de la universidad con el tema integración racial.

Construir Un Altar

Leí un artículo de National Geographic sobre los altares en México. Es costumbre que se construyan altares para honrar la memoria de sus muertos, pero también se pueden construir para aceptar la pérdida. Por ejemplo, Ross es un maestro jubilado. Una gran parte del desorden que hay en su casa tiene que ver con su larga carrera como profesor. A Ross le encantaba ser maestro. Recientemente jubilado, sigue activo en una asociación profesional de docentes y le gusta mantenerse al día sobre las últimas tendencias relacionadas con la docencia. Ross se ha dado cuenta que es muy difícil deshacerse de cualquier objeto relacionado con su carrera docente.

Ha guardado proyectos de estudiantes; artículos de revistas sobre métodos didácticos; materiales pedagógicos como juegos y demás materiales;

certificados de educación continua, notas de seminarios, incluso obituarios de maestros que él ha admirado. Este hábito lo ha practicado durante la mayor parte de su vida, guardar todo lo relacionado con la docencia. Este material está ocupando un espacio que serviría para otras actividades en su vida.

Ross y yo construimos un altar a su carrera de docente. En una pequeña mesa de madera muy bonita, colocamos una foto enmarcada de Ross recibiendo un premio por su trayectoria de docente. Al lado de eso, enrollamos una copia de su título y la amarramos con listón de color alegre. Junto a la última foto de su generación se exhibe una copia de su colección de la revista Teacher, la cual se muestra orgullosamente sobre la mesa. Algunos regalos recibidos de los estudiantes a través de los años y su pluma favorita con la que calificó exámenes (rojo, por supuesto) completan el Altar. Ross es capaz de recordar su contribución a la profesión de docente por la exposición de los objetos en el altar y del resto de los recuerdos ya se deshizo.

SIMPATÍA TÁCTIL

Los métodos de organización radicales que integran y entienden las emociones pueden ayudar a las personas crónicamente desorganizadas a organizar sus posesiones. Motivan a deshacerse del exceso, mantener el orden y como consecuencia tener logros, especialmente en los casos en que los sistemas convencionales basados en la lógica han fallado. Quizá, no hay técnica sobre la desorganización crónica parezca más antilógica que la técnica de simpatía táctil. **La**

simpatía táctil es el arte de organizar sin la acción de tocar. Lo descubrí por accidente mientras trabajaba con Janette.

Conocí a Janette en un evento de networking (gestión de contactos) llamado "mujeres y cuidado de la salud". En el evento, se nos pidió que nos presentáramos y platicáramos un poco sobre lo que hacemos. Le entregué mi tarjeta como "organizadora profesional". Janette se presentó como enfermera, con más de veinte años de servicio, intensamente comprometida a mejorar la salud de las mujeres. "Soy una cachivachera... no puedo deshacerme de nada", me susurra mientras toma su asiento. "Es lo mío", susurra de nuevo. Janette y yo nos citamos en su departamento para platicar su situación de organización.

El departamento de Janette está decorado un estilo clásico crónico. La ropa que ya no entra en los armarios porque están repletos, se amontona en el sofá. Las revistas, el correo y catálogos de compras por correo cubren cada mesa y superficie. Chucherías de todo tipo abundan. Pequeños dedales de porcelana, platos de cerámica y conchas marinas, se amontonan en pequeños estantes, armarios y mesas laterales. Los estantes y gabinetes más grandes contienen muñecas, álbumes, vajillas. La credenza, aparador y vitrinas ocultan herramientas, bombillas y un gran surtido de artilugios de todo tipo. "Te dije que nunca he tirado nada", Janette me lo recuerda, medio avergonzada y defensiva.

Hay situaciones que siempre me confunden un poco. Por un lado, respeto las ganas que tiene Janette de querer organizarse. Por tal motivo le digo, "sé que mi presencia aquí significa que quieres hacer algo diferente para organizarte. Sólo quiero que sepas que te respeto por esa decisión.

"Por otro lado, Janette actúa como si tuviera una política de no tirar nada a la basura. Así que le pregunté: "Si planeas no deshacerte de los objetos, entonces ¿qué hago aquí?, estoy un poco confundida de cómo puedo ayudar".

"¡Estoy a punto de ser desalojada", confiesa. "Mi arrendador piensa que mis cosas son un peligro para su departamento y por supuesto no lo son!"

"Él realmente no puede hacer que me vaya porque tengo un contrato de arrendamiento, pero en cuatro meses se vence y no quiero que tenga excusa alguna para no renovarlo".

Janette comienza a llorar.

Me siento a su lado, sigue llorando, le doy pañuelos y la consuelo al mismo tiempo, se acerca lentamente. Te aseguro que vamos a hacer progresos (aunque estoy segura de que la organización convencional no funcionará). Coloco en medio de nosotras una bolsa de basura grande, negra de plástico, de uso rudo que se utilizan para hojas y ramas. Inhalo profundamente. Janette inhala profundamente. Exhalo profundamente. Janette exhala profundamente.

Comenzamos. Al llegar al sofá tomo una falda y la sostengo para que la vea. "Fuera", dice inequívocamente, me considero con suerte, pongo la falda en la bolsa de basura. Tomo una blusa. "Tal vez", dice, y la pongo a un lado. Tomo un cinturón y se lo paso a Janette. Apenas lo ve y dice: "Me lo quedo," y pone el cinturón a su lado en el sofá. Levanto otra blusa. "Fuera", responde ella y la mando a la bolsa. Janette toma una falda del sofá y decide quedársela.

Un patrón comienza a emerger. Cada vez que levanto una prenda de vestir, es capaz de descartarla o al menos darle un "tal vez" y cada vez que toca la ropa, lo guarda sin excepción. Si solo lograra "mostrar" cada prenda para que la vea, pero que no la toque, entonces tendremos la oportunidad de deshacernos de ellas. Una vez que Janette toca la prenda, no hay posibilidad de eliminación, en absoluto.

¿Coincidencia? Tal vez, pero no emerge ningún otro patrón. Algunas de las prendas para "conservar" están dañadas, viejas y sin valor, pero, las que toca las conserva. Por otro lado, algunas de las prendas para "desechar" están en mejor forma que las de "Conservar", solo por el hecho de que no las tocó, las manda a la bolsa.

Yo llamo a este fenómeno "simpatía táctil". A falta de formación en el área de psicología, no sé cómo explicarlo, pero está claro que al tocar objetos se activa una parte emocional para las personas crónicamente desorganizadas. Parece que con el solo hecho de tocar un objeto, la acción de deshacerse de algo cambia. Realmente no lo sé.

El concepto de formular ideas acerca de la simpatía táctil no es algo nuevo. Los vendedores de autos lo usan todo el tiempo. Cuando compré mi primer auto, entré a la agencia decidida a hablar de precio, financiamiento y elementos de seguridad, pero el vendedor sólo tenía un objetivo: que me sentara detrás del volante de ese coche que tanto me gustaba. Él sabía que una vez que me sentara en el cómodo asiento del conductor y tocara el elegante volante de piel con mis manos sería presa de él. Y tenía razón. Una vez sentada en ese auto, ya estaba calculando cuánto más sería capaz de ganar por mes y así poder se dueña esa preciosura.

En ese caso, fui víctima de la simpatía táctil. Algunos tipos de masajes terapéuticos se basan en respuestas emocionales al tacto, una especie de simpatía táctil. Somos testigos de ella en muchas ocasiones. Cuando nos reunimos con familiares distanciados en un funeral, en una boda u otra reunión familiar, a hora de abrazarlos de repente lloran y se perdonan unos a otros.

Y así es con Janette y fue conmigo cuando no pude resistirme al carro que toqué, Janette no puede resistirse a deshacerse de todo lo que toca.

Para esto debemos establecer una regla para contrarrestar la simpatía táctil. Durante nuestra sesión de organización, ella puede señalar, comentar y revisar los objetos que ambas estemos clasificando, **pero no puede**

tocarlos. Con esta regla establecida, estamos listas para avanzar.

Creando un campo invisible de posesión para Janette, la simpatía táctil se supera cuando se le niega la oportunidad de tocar. Aplicando esta y otras técnicas como la de Amigos, Conocidos y Extraños o la de entradas/salidas, claro negociadas previamente, el desorden del departamento de Janette da marcha atrás. El propietario le da la oportunidad de que se quede. Aun así, Janette es altamente vulnerable de volver a acumular por lo tanto se necesitan algunos pasos adicionales.

Eliminar El Desorden Desde La Raíz

La fuente principal de Jannette para colectar de más son los mercados, tianguis y ventas de garaje. Los tianguis y las ventas de garaje abruman con objetos a la mayoría de las personas crónicamente desorganizadas. Incluso las personas que son muy organizadas, son susceptibles de perder la compostura en esos lugares. Recuerdo a dos hermanas mayores que vivían juntas y querían reducir el desorden en su casa. Una hermana selecciono objetos cuidadosamente para una venta de garaje a un lado de la entrada a su cochera. La segunda hermana hizo lo mismo con las cosas que seleccionó al lado opuesto. De repente, la primera hermana se fue hacia los objetos de la segunda hermana y empezó a comprar la mayoría de ellos. Mientras tanto, la segunda hermana caminó hacia el otro lado y, finalmente, compró la mayoría de los bienes de su hermana. ¡Simplemente intercambiaron las cosas! Así de fuerte es el poder de las ventas de garaje.

Para mantener el éxito de la organización, Janette debe limitar sus salidas al tianguis, mercado y ventas de garaje una vez al mes. Además, debe ir acompañada de un amigo. Ella señalará el objeto que le interese y el compañero lo tomará para que Janette lo vea de cerca. Ella debe mantener las manos en los bolsillos. De esta manera, comprará mucho menos de lo que solía hacerlo.

ESTILOS DE APRENDIZAJE Y ORGANIZACIÓN

El estilo de aprendizaje se refiere a la manera predominante en que se percibe y procesa la información. Hace años, se creía que todos los niños aprendían exactamente de la misma manera. Más tarde se descubrió que no es así, aunque las condiciones sean las mismas (información, edad, maestro y material en clases). Diversos motivos explican estas desemejanzas en el aprendizaje, pero ahora resulta que puede haber diferencias en el estilo de aprendizaje del niño.

Existen cuatro estilos de aprendizaje que dominan y se definen como: auditivo, aprendizaje a través de la audición; visual, aprendiendo a través de la vista; kinestésico, aprendiendo a través del movimiento; y táctil, aprendiendo por medio del tacto. Reconocer como influye cada estilo de aprendizaje en una persona (o entender la debilidad del mismo), puede influir enormemente en la enseñanza. Por ejemplo, los niños que son fuertes aprendices visuales y que no son auditivos puede que no les favorezca cuando un maestro sólo lee material en voz alta y no escribe información en el pizarrón. El desarrollo de un estilo de aprendizaje no es tan claro como otras prevalencias neurológicas, tales como ser zurdo o diestro, pero existe una diversidad de maneras de aprender.

Debido a que organizar, así como leer, es una actividad aprendida, refleja nuestro estilo de aprendizaje. El problema es que los métodos convencionales de organización, en su mayoría, fallan en reconocer las diferencias de los estilos de aprendizaje. Platícame acerca de una persona que trata de implementar sistemas de organización que son incompatibles con su estilo de aprendizaje, y como resultado, te mostraré a una persona crónicamente desorganizada.

LA OFICINA AUDITIVA

Hay una broma entre los compañeros de trabajo de la oficina de Beth. Se conoce como el triángulo de las Bermudas. Incluso Yamila, la secretaria de Beth, dice: "¡envío objetos a ese lugar, y nunca sale nada!" Yamila lo dice en tono broma. En La oficina de Beth hay enormes pilas de papeles por todas las superficies. Un indicador es que el escritorio ha desaparecido, señal de que la desorganización crónica, es evidente y claro, las pilas en el piso lo revelan. A Beth la están ascendiendo de puesto y Yamila se va con ella. Tendrán un nuevo supervisor que es muy estricto respecto al orden y limpieza en las oficinas, por lo que Beth y Yamila deciden contactarme. Con el consentimiento de Beth, decido entrevistarme con Yamila quien podría darme pistas de cómo trabaja Beth. Después de todo, Yamila está "en la línea de fuego", por así decirlo, y sabe cómo trabaja Beth.

Yamila me cuenta que Beth es una excelente facilitadora. Nadie dirige mejor que ella las reuniones. Puede manejar una agitada agenda, aterrizar temas y mantener a todos enfocados. Lo más asombroso es la memoria de Beth. Ella recuerda la información textual de otras reuniones, en la mayoría de los casos casi no escribe notas. "La semana pasada le pregunté si quería que le comprará un regalo a Ron, es el recepcionista y cumplirá 50 años: Me dijo que, en mayo del año pasado, se hizo una votación en la reunión del departamento y se decidió que en lugar de regalos de cumpleaños a los empleados se enviaría un donativo a una organización de caridad a elección del cumpleañero. Así que le envié una tarjeta de felicitación y le pregunté a qué organización de caridad quería que enviáramos el cheque. ¡Beth recordaría como votó cada persona en esa reunión!" Agrega Yamila.

En el teléfono Beth puede manejar datos y cifras, tomar decisiones puntuales y hacerse cargo de ellas. Es dinamita, pero una vez que está en su oficina, sentada frente a una pila de papeles que atender, se apaga. Yamila dice que no puede contar con Beth para leer, firmar o tomar una decisión sobre cualquier documento que lleve a su escritorio.

"Una vez que algo entra al Triángulo de las Bermudas, puedo asegurar que nunca lo veré de nuevo. Las palabras que más temo escuchar son "déjalo sobre mi escritorio". De inmediato sé que estoy destinada al fracaso, como resultado termino sacando copias de todo lo que le doy para poder dar seguimiento a los pendientes. Esta situación sólo hace que se duplique la cantidad de papel y que pierda tiempo en la copiadora.

"Creo que Beth es una persona auditiva", le digo.

"¿Qué significa eso?"

"Es competente en reuniones, teléfono y tiene una gran memoria. Estos son señales de una persona auditiva. Significa que tienes que manejar la oficina haciendo el trabajo más oral en lugar de conversaciones por escrito. Por ejemplo, en lugar de enviar memos y otras comunicaciones escritas a la oficina de Beth, necesitarás hablar más con ella, creo que lo que tiene que predominar en esta oficina son las conversaciones y no los documentos.

Les recomiendo que Yamila y Beth se reúnan varias veces al día, ambas me miran con incredulidad. Sin duda, lo digo en serio. "¿Reunirnos varias veces al día? ¿Quién tiene ese tiempo?"

"Si ustedes se ven sólo quince minutos a primera hora de la mañana, cinco minutos después del almuerzo y diez minutos a las tres de la tarde, podrán platicar acerca del avance y de cómo va el trabajo, solucionan problemas y vuelven a priorizar los pendientes si es necesario. En esos treinta minutos al día, lograrán más que cualquier cantidad de memos y notas intercambiadas entre ustedes... Ah y que sus reuniones sean de pie", añadí. "¿Cómo es eso?" pregunta Yamila. "Paradas", repito. "Mantendrán las reuniones breves y enfocadas. No se sienten".

Para reforzar el caso les platico sobre Paul, un cliente que es ciego, como no puede ver, su secretaria se reúne varias veces al día para repasar el trabajo, lo hace verbalmente. Se dejan mensajes el uno al otro en el buzón de voz y se manejan con conversaciones en vez de escritos como medio principal debido a la discapacidad de Paul.

De ninguna manera afirmo que Beth es discapacitada; pero, ¿por qué no aprovechar el tipo de aprendizaje con el que se siente más cómoda? Beth se comunica verbalmente porque procesa la información de manera auditiva.

Yamila y yo comenzamos el proceso de reorganizar la oficina de Beth en base a sus fortalezas auditivas. Usamos una grabadora de micro casete, una de esas mini grabadoras de cinta, fáciles de traer en la mano. Mientras que Yamila recoge un documento olvidado en el escritorio de Beth, le graba un mensaje similar: "el documento A es un memo de un cliente que está solicitando una reunión". "Por favor, dime si debo agendar esa reunión. El documento B es un informe enviado desde la oficina central solicitando una investigación más exhaustiva. ¿Debo hacer la investigación en Internet o lo manejas tú?" y así sucesivamente. Yamila convierte los informes, notas, memos y otras comunicaciones escritas sobre el escritorio en mensajes orales.

Beth, por su parte, se pondrá audífonos (le encantan los audífonos) y escuchará la grabación de Yamila mientras busca documento al que se refiere y le responderá. En una de sus breves reuniones, hablará con ella de pie por el interfón. Francamente, Yamila se da cuenta que el uso frecuente del interfón es un distractor para realizar su trabajo, pero tanto las grabaciones como el interfón, ayudan a concluir pendientes, así que ha aprendido a tolerarlo. Yamila le deja mensajes en el correo de voz en lugar de mandar correos electrónicos.

Beth y Yamila han estado usando su oficina auditiva con éxito durante tres meses. Han implementado algunos cambios, pero siguen teniendo reuniones de pie durante el día y han agregado una reunión estratégica más larga a mediados del mes. Beth también ha instalado un reproductor de discos compactos en su oficina. Poner música clásica suave de fondo, la ayuda a concentrarse con las tareas domésticas en casa, tales como pagar los gastos y cocinar. "Incluso si enciendo la televisión, aunque no la miro, el ruido de fondo me ayuda a concentrarme", explica. Así que también escucha música mientras trabaja en su oficina.

"La oficina sin papeles es como un baño sin papel", señala el Wall Street Journal. Sería idealista pensar que Beth y Yamila pudieran convertir una oficina visual basada en documentos a una de tipo auditivo. Pero, si aprendes mejor a través de tus oídos que de tus ojos, encontrarás una valiosa lista de herramientas de organización auditiva.

HERRAMIENTAS DE ORGANIZACIÓN AUDITIVAS

- Asiste y realiza reuniones en vez de leer reportes.
- Aprende de casetes de audio en lugar de videos
- Enciende la radio en lugar de la TV.
- Asiste a seminarios, discursos y conferencias en lugar de leer.
- Participa en teleconferencias.
- Deja notas en grabadoras y contestadoras.
- Dicta pensamientos e ideas, lee en voz alta o delante de otros memos y lluvias de ideas. Maneja el correo de voz en lugar de correo electrónico.
- Utiliza beepers.
- Instala interfón en la oficina.
- Utiliza auriculares.
- Habla contigo mismo.
- Entrega informes orales no escritos.

PESCANDO EN LA COCHERA

Óscar no es un desorganizado crónico en el sentido convencional. La aparición de su severa desorganización es muy reciente. Resultado de un accidente en motocicleta que lo dejó neurológicamente afectado en algunos aspectos y de manera extraña. No puede categorizar. La organización de Óscar me enseñó sobre el aprendizaje táctil.

El catecismo de las categorías reina con supremacía en nuestra sociedad. Casi todos podemos asociar cosas similares, tanto visual como mentalmente. Por lo tanto, podemos categorizar objetos parecidos e incluso subcategorizarlos, porque sabemos que pertenecen al mismo grupo.

Óscar no tiene idea de cómo categorizar. La afectación neurológica resultado de su accidente en motocicleta arrasó entre otras habilidades, su capacidad para agrupar mentalmente objetos similares. Óscar puede mirar fijamente dos objetos parecidos y nunca asociarlos en su mente como iguales. Pam, la esposa de Óscar, es una mujer encantadora, paciente que ama a su marido. Óscar casi murió en el accidente, así que Pam está agradecida de tenerlo vivo y bien, a pesar de su extraño cableado neurológico. Pam no se queja, sin embargo, recurre a su astucia para tratar de encontrar una manera de que Óscar se organice.

"Si pongo cosas en frascos pequeños o en recipientes de plástico, le es muy complicado encontrar lo que está buscando. Es más fácil para él hurgar en el piso de la cochera. No es que no pueda ver. Es sólo que cuando él fotografía el objeto que está buscando en su mente, no puede verlo de manera real cuando está en los contenedores. Hurgar en el suelo es lo único que le funciona".

Óscar debe fisgonear o escarbar, tiene que tocar como una manera de verificar lo que busca, porque su mente no lo hace por él. Óscar dispersa todas sus herramientas, objetos, clavos y tornillos por todo el piso de la cochera.

"Es importante que podamos estacionar el coche y las bicicletas de los niños adentro. El invierno está por llegar, sería lo más indicado, incluso la cortadora de césped. ¿tienes alguna idea? Pam pregunta cortésmente.

Este es mi tipo de trabajo de organizadora, difícil, poco ortodoxo y sólo un poquito apremiante. Aun, con ese tipo de desafíos no me salen las ideas funcionales de inmediato. "¿Dónde está Óscar?" pregunto. "Lejos, de pesca. Dijo que probablemente estaría de regreso, así que planeamos vernos mientras él está fuera pescando".

Pescando. Pescando. Las palabras dan vuelta en mi cabeza, veo que en la esquina del garaje hay unas botas de pesca, un par de cañas de pescar, una vieja caja con equipo de pesca y una red. "Podríamos poner una red en el piso de la cochera y amontonar todas las cosas en ella, después izar todo hasta el techo", digo de manera poco convincente

"¿Perdón?" Pam responde. Cuando un sureño te dice perdón, no es sólo una señal neutral de que no te escucharon, "perdón" significa que ellos piensan que estás un poco loco y te están dando una oportunidad más para redimirte.

"Creo que deberíamos poner una red en el suelo, engancharla a las poleas e izar todas estas cosas hasta el techo", expliqué. Pam me mira por largo tiempo. Voltea lentamente hacia el techo, regresa la mirada hacia el piso de la cochera como si juntara todos los elementos en su mente. "está bien", dice vacilante, "pero ¿cómo?"

"Óscar necesitará ayuda".

Óscar me llama cuando regresa de su paseo. "Me platicaron tu idea. No sé qué decir. Es tan extraño, pero yo también soy extraño, tal vez de resultado. La red que tengo es de un tejido muy abierto. Conseguiré una red con tejido más cerrado, poleas, cuerda para las poleas y mucha cera en la ferretería. ¿Podemos reunirnos el sábado?".

"Seguro. Óscar, quiero ser sincera contigo, nunca he hecho esto antes".

¿Qué? ¿Nunca has ido de pesca a una cochera antes?" dice en tono de broma.

Pam utiliza un imán para recoger los clavos pequeños y tornillos que podrían caer a través de la red. Vaciamos todo en recipientes amplios, redondos, poco profundos y las pusimos en la mesa de trabajo. Esparcimos los objetos pequeños dentro de los recipientes para que Óscar pueda hurgar entre ellos fácilmente.

Pam y yo quitamos todos los objetos pesados que se encontraban en el piso de la cochera, un taladro manual, una lata de pintura, un rollo grueso de alambre, por mencionar algunos, sería demasiado peligroso para elevarlos. "Ya es suficiente con que uno de la familia tenga afectada la cabeza así que, muchas gracias", advierte Pam. Mientras tanto, Óscar hace lo suyo, taladra agujeros para montar las poleas, pasa el cable a través de la red y lo jala hacia abajo por medio de las poleas.

Mientras los niños y los vecinos curiosos observan. Óscar nos ordena poner la red en el suelo. Amontonamos todas las cosas sobre ella en el piso, Pam sujeta una polea y yo la de enfrente. A la cuenta de tres Óscar nos ordena jalar lentamente las cuerdas de la polea. Los mirones detienen la respiración al mismo tiempo. La red se eleva lentamente desde el suelo. El lado de Pam se hunde. Óscar le dice que jale un poco más fuerte. La red se corrige, luego se hunde peligrosamente de mi lado. La multitud deja salir un fuerte "Ohhhhhh…", Óscar grita "¡detente!". Golpea la parte inferior de la red un poco y se endereza, seguimos jalando.

Finalmente, la red se eleva cerca del techo de la cochera. Aseguramos las poleas. Observamos que el bulto se parece a un voluminoso gigante dormido en una hamaca tres metros y medio de altura del piso al techo de la cochera. El público enloquece, aplauden y silban mientras Pam ingresa el carro a la cochera.

Cuando Óscar necesita hurgar, simplemente saca el coche y baja la red. Ya que la mayoría de sus proyectos de reparación se hacen en fin de semana cuando el auto está fuera de la cochera, así no hay ningún problema con bajar la red.

Encontramos otras formas de optimizar el uso del tacto de Óscar. En un esfuerzo por conseguir que se organice, pintamos de color negro un tablero del tamaño de la pared. Óscar lo sostiene, lo sujeta con cuidado, lo taladra y lo traza con gis blanco. Colocamos el taladro en el tablero dentro del trazo. Cada vez que el taladro se utiliza, este se vuelve a colocar en su lugar. Óscar lo pone en el tablero y lo ajusta donde está la silueta trazada. De esta manera es capaz de montar todas sus herramientas.

Organizamos la cochera lo mejor que pudimos basándonos en el sistema kinestésico. Durante varios meses Óscar y Pam probaron este sistema, de vez en cuando me invitan a que vea todas las modificaciones que han hecho. Rediseñaron el sistema de poleas para que solo lo maneje una persona en lugar de dos. El tablero negro solamente se utiliza para las herramientas de uso frecuente. Un tablero más pequeño se perforó y se pintó de rojo, es para las herramientas de uso menos frecuente. Con esto Óscar se ayuda con los colores negro y rojo para encontrar sus herramientas. El gigante, aunque está más delgado, continúa dormido suspendido en la hamaca.

VÍCTOR EL VERBAL

Todo comenzó como un inofensivo chiste del día de los inocentes. Para los compañeros del trabajo de Víctor es un misterio cómo alguien tan productivo y tan aseado en apariencia, puede tener un escritorio tan abarrotado de papeles que apenas pueden verlo cuando está sentado. Sus compañeros creen que sería divertido denunciarlo al departamento de bomberos como un riesgo de incendio. Será divertido... por un rato. Víctor recibe la notificación del riesgo de incendio por parte de los bomberos. Con una sonrisa bromea acerca de su desorganización tanto como los demás. Cuando todo se calma en la oficina, cierra la puerta y me llama.

Frases orientadas a la acción sazonan el discurso de Víctor. "Siento que ya no puedo más. Si no afronto mi desorganización, estoy arruinado". En su libro, Quantum Learning: Unleashing The Genius In You, Bobbi Deporter y Mike Hernacki proponen una idea para los estudiantes en kinestésica y es cómo los sucesos complementan el lenguaje. Víctor encaja perfectamente.

Además, descubro que Víctor no es capaz de sentarse por un minuto. Solo se sienta el tiempo suficiente para levantarse nuevamente. Suele caminar alrededor de la oficina mientras habla y si se sienta, observo cómo le da vueltas al bolígrafo que trae en la mano o genera movimiento de algún otro modo. Me da la impresión de que Víctor podría tener tendencia kinestésica. Le propongo:

"Toma cualquier documento y di el primer verbo de acción que venga a tu mente".

"Llamar", afirma mientras me pasa el documento con la eficiencia de una máquina. "Escribir," dice mientras me entrega la siguiente hoja. "Leer" es la suerte del tercer documento. Y así continuamos, asignando verbos a todos los documentos. Pego una nota adhesiva en cada hoja indicando el verbo que le corresponde. Víctor hace que me acuerde de la Reina en el juego de croquet en Alicia en el País de las Maravillas. Él pregona como rey mientras camino detrás de él. Cuando tomamos una hoja o documento que es basura, medio esperaría: "¡Que le corten la cabeza!", pero el verbo "lanzar" es lo que concluimos. Como todos los buenos reyes y reinas, a medida que avanzamos, Víctor establece las reglas de este juego de verbos. No considera los verbos como: hacer, decidir y revisar. Son "demasiado débiles, demasiado escurridizos". ¡Dame verbos de acción fuerte! Víctor exige.

En su oficina anexamos una nota rápida con el verbo a cada documento. Reunimos los documentos con el verbo Copiar y los colocamos junto la fotocopiadora. Al lado del sofá ponemos todos los que están marcados con el verbo Leer. Los que tienen notas de Orden, Suscripción y Pago, se colocan juntos a un lado del escritorio cerca de la chequera, los de Pago quedan en la parte superior. Los que tienen el verbo Llamar a un lado del teléfono; el Correo junto a la franqueadora de envíos.

Estos verbos tradicionales se unen a los verbos de moda de finales de los 90. Estos nuevos verbos son complicados porque nacen de anglicismos. "Fax y faxear", por ejemplo, solía ser un sustantivo que se refería al nombre de una máquina que podía transmitir milagrosamente documentos a través de una línea telefónica. Ahora faxear es un verbo mayor.

Base de datos es por derecho propio todo un sustantivo. Pero "base de datos" para Víctor hace referencia a la acción que debe tomar para organizar sus tarjetas de presentación y contestar el correo. En una visita posterior, incito a Víctor a usar algunos verbos no convencionales. "Procesar" puede ser sustituido por "Revisar" y "Clonar" es más divertido que "Copiar". Tengo un cliente que utiliza "Esforzarse" en lugar de "Planear" y "Gritar" (muy sureño) en lugar de "Llamar". Los verbos no convencionales son más divertidos y más fáciles de recordar.

Para aprovechar la naturaleza kinestésica de Víctor, asignamos sitios de mini-acción en su oficina. Por ejemplo, el lugar para la correspondencia, que comprende correo de salida e insumos que podría necesitar para llevar a cabo esta acción tales como: sellos, máquina de franqueo, sobres, una báscula, etc. El anaquel se convierte en el centro de llamadas. Quitamos el teléfono del escritorio de Víctor y lo pasamos a la credenza detrás de él. Los documentos que requieren hacer llamadas, su tarjetero tipo Rolodex®, bitácora de llamadas de larga distancia, la sección amarilla y varias libretas se colocan en el centro de llamadas.

Normalmente hay más de 3,000 papeles sueltos en una oficina de una persona promedio crónicamente desorganizada. Un dato que proporcionaron los compañeros de trabajo de Víctor y se les agradece. Se impresionaron tanto con el progreso en su oficina que le dieron un cheque (real) para pagar la notificación (falsa) de riesgo de fuego.

CÓMO DESEMPEÑAR EL JUEGO DE VERBOS

- Camina por la oficina.
- Toma algún papel y asígnale un verbo de acción. Haz la siguiente pregunta "¿Cuál es la acción que necesito realizar con este documento?".
- Escribe el verbo en una nota y fíjalo a la hoja que encuentres.
- Expresa la acción de cada hoja que encuentres en verbos.
- Agrupa los documentos de acuerdo a verbos similares.
- Establece centros de mini-acción o coloca los documentos con los "verbos" donde se realizará la acción.

MUESTRA DE VERBOS DE ACCION

Llamar • Pagar • Leer

Archivar • Firmar • Delegar

Mandar Correo Electrónico

VERBOS INUSUALES O NO CONVENCIONALES

Disfrutar • Compartir • Mejorar • Crear

Resolver • Dirigir • Digerir • Inventar

Lanzar • Renovar Fortalecer • Enseñar

HERRAMIENTA ANTICRÓNICA

Policía De Papeles

La desorganización crónica de Víctor es una tendencia que siempre tendrá que contrarrestar. El utiliza verbos la mayor parte del día, pero, como buena medida, camina por su oficina al final de cada día en busca papeles fuera de su lugar o no etiquetados. Víctor visita cada mini-centro y se asegura de que estén debidamente abastecidos. Siente que es su deber tocar cada pila ordenada de documentos con sus verbos. "Me siento como un policía con macana buscando un delito. No tengo idea de por qué tengo que tocar cada pila. Creo que me hace sentir responsable, es como ponerle un sello de garantía".

GESTIÓN DEL TIEMPO DE FORMA KINESTÉSICA

Esta respuesta afirmativa de los aspectos kinestésicos de algunas personas crónicamente desorganizadas se aplica en entornos físicos, como la oficina o el hogar. La técnica organizativa que llamamos gestión del tiempo está formada por elementos físicos, como papeles, archivos y posesiones que está compuesta de procedimientos teóricos, como la planificación de prioridades. La kinestésica también puede ayudar a una persona crónicamente desorganizada a gestionar su tiempo.

La organización convencional hace hincapié en que las condiciones bajo las cuales planeamos y priorizamos exige que no haya distracción. Sin embargo, he conocido a muchas personas crónicamente desorganizadas que progresan o se desarrollan en el bullicio o con distracción en niveles tolerables. Creo que esta respuesta positiva al bullicio está relacionada con el tema de la kinestésica. Suena ilógico que algunas personas puedan concentrarse y realizar tareas de gestión del tiempo cuando están rodeados de ruido y bullicio en lugar de paz y tranquilidad. Aunque todavía no han leído la historia de Iris.

CONCENTRACIÓN EN LA CAFETERÍA

Iris es propietaria de un despacho de caza talentos, una industria extremadamente competitiva en Atlanta. Iris y yo tenemos sesiones de gestión del tiempo diseñadas con el objetivo de ayudarla a alcanzar objetivos de negocios y personales. En nuestra primera cita en la oficina de Iris, me doy cuenta de que tiene dificultad para concentrarse, no puede mantener su mente en la tarea en cuestión. Cada seis minutos salta de su escritorio y se va a tomar un vaso de agua o hace una llamada telefónica o camina por el pasillo para platicar con alguien. Es como si necesitara tomar pequeños descansos con regularidad con el fin de avanzar.

En un esfuerzo por hacer que nuestras reuniones sean más productivas, le sugiero que, la próxima vez, nos veamos en Morrison's, un concurrido restaurante de Atlanta tipo cafetería donde he observado que hay muchas personas solas trabajando.

"¿Quieres que nos veamos en Morrison?", Iris dice con incredulidad. "¿Estás segura de que no quieres ir a otro lugar mejor?".

"Realmente no es la comida lo que busco, es el ambiente y además preparan una deliciosa ocra (quimbombó)".

Lo que tengo en mente es una idea que aprendí de una colega que trabaja con adultos que tienen Trastorno por Déficit de Atención e Hiperactividad (TDA). TDA es una discapacidad neurobiológica que interfiere con la capacidad de una persona para mantener la atención o enfocarse en una tarea. En ocasiones también interfiere con la dificultad para frenar conductas impulsivas.

Al parecer, uno de los estímulos distractores que más afecta a la población con TDA no suele ser el ruido **externo**, sino el **"ruido interno"**. El ruido interno abarca desde pensamientos, ideas, reflexiones superfluas hasta listas mentales de pendientes. Este ruido interno es el que frecuentemente distrae a una persona de la tarea a realizar.

En teoría, si al ruido externo se le sube de nivel entonces el ruido interno se calma. Claro que el ruido externo y el bullicio no deben ser muy fuertes o que haya demasiado distractores o el balance que existe entre ambos ruidos se rompe. El bullicio que hay en una cafetería puede ser suficiente para calmar el ruido interno

El tumulto y alboroto de Morrison´s es demasiado, me temo que he cometido un error. El personal va y viene haciendo un ruido estrepitoso al levantar las vajillas; los clientes esperan en la fila; la gente habla en voz alta mientras los que están sentados en sillas de ruedas parece que constantemente se están resbalando y los niños corretean a rienda suelta. Todo parece estar ligeramente en movimiento. Iris y yo pedimos un pay de nuez y té helado dulce (el único su tipo en el Sur) nos pusimos a trabajar.

No sé si Iris tiene TDA, no le he preguntado, pero veo que en Morrison´s está muy concentrada. Saca su agenda, calendario y bloc de notas, los acomoda en la mesa frente ella, trabajamos durante casi una hora en la planeación de su agenda para los próximos tres meses. No se levanta de la mesa ni una sola vez (aunque con frecuencia bebe sorbitos de agua).

"¡Oh Dios mío, mira la hora!", exclama. "No puedo creer que hemos estado aquí una hora y no me he comunicado a mi oficina". Saca su celular y hace una llamada rápida, cuando termina, comenta: "tenías razón. Puedo concentrarme mejor aquí que en la oficina. El ajetreo y alboroto alrededor de mí, favorece a que me concentre mejor que cuando estoy en la tranquila soledad de mi oficina".

Esta preferencia por el bullicio es muy fuerte con algunas personas crónicamente desorganizadas. Myra bendice el día en que las cafeterías boutique encontraron un mercado en Atlanta.

Una vez a la semana arroja las facturas y el correo sin abrir a un gran saco y se dirige a la cafetería que se encuentra en su colonia. Con el doble late en la mano y rodeada por cafeteros asiduos, Myra termina de trabajar, gestiona su correo y paga todas sus cuentas, algo que ella no puede lograr en casa. Yo misma descubrí que soy mucho más productiva en el aeropuerto y que avanzo más cuando estoy en la sala de espera de mi próximo vuelo que trabajando en mi oficina. Creo que el bullicio, el ruido y el alboroto le hablan al lado kinestésico de las personas crónicamente desorganizadas que luchan con la gestión del tiempo.

FUGÁNDOSE DE LA PRISIÓN DE LAS TAREAS PENDIENTES

La casa de Michael es algo parecida a las de la revista "Mejores Casas y Jardines", su oficina está bien organizada, no hay ningún pedazo de papel a la vista y es crónicamente desorganizado. ¿Cómo puede ser? Michael está librando una batalla con la gestión del tiempo con el fin de mejorar parte de su vida. Sus días están llenos de estrés y conflicto porque "no puede sostener el tiempo en sus manos" tal como Michael lo dice. He intentado y fallado muchas veces "El tiempo es tan abstracto. No es que puedas tocar el tiempo como cuando tocas papel o cosas". Puede ser. Quizás.

"Aquí", dice Michael, mientras un paquete de libretas de notas aterriza sobre su escritorio, con ese peculiar ruido ensordecedor que sólo las libretas tamaño legal suelen hacer. "Estas, son mis listas de pendientes".

Blocs de raya amarillos para notas con hojas y hojas de anotaciones me saludan. Algunas anotaciones están tachadas profusamente, mientras que otras están circuladas varias veces para acentuarlas. Las libretas de notas se abultan porque las hojas están maltratadas y las esquinas dobladas. Muchas anotaciones se repiten en las páginas subsecuentes, como un dolor de muelas recurrente.

Mientras estudio las libretas, Michael saca otro puño de libretas. "Pensé que, si usara libretas más cortas, podría llegar al final de la lista, así que mandé imprimir algunas", explica Michael. Estas libretas son más cortas y están personalizadas con título que dice "lista de pendientes de Michael". "No funcionó. Aunque las libretas son más cortas no llegó al final".

"Hace tres meses asistí a un seminario de gestión del tiempo, me cobraron 559 dólares -sin incluir el costo de la agenda y las cintas de audio que compré. ¡Aquí estoy en un seminario de gestión del tiempo y en lo único que puedo pensar es cuánto tiempo me está tomando! Sin embargo, no todo fue inútil.

"Aprendí algunos buenos consejos y compré esto". Me dice Michael mientras gira la silla y sostiene una abultada y pesada agenda de su credenza. La levanta del escritorio y la coloca junto a la pila de libretas de notas apiladas.

"¡Esta agenda tiene seis secciones y pesa casi 1 kilo, he pasado más tiempo con ella que con mi esposa!" Michael se lamenta "La use diariamente por unas tres semanas. Aún me siento abrumado todo el tiempo". "Pareciera que no puedo estar al tanto de las cosas y mucho menos planear con anticipación, estoy totalmente estresado. Es como si no pudiera controlar el tiempo".

En mi mente visualizo las líneas de las libretas acomodadas de manera vertical en lugar de horizontal de modo que se asemejan a las barras de una celda de la prisión. Michael es un personaje de dibujos animados detrás de las barras de la cárcel de las que se sostiene como un prisionero. Creo que **la problemática no es el contenido, sino que quiere hacer listas de todo.** Creo que estas contribuyen a los problemas de gestión del tiempo de Michael.

Los sistemas de gestión de tiempo de Michael comparten una característica; son sistemas unidimensionales y estancados. Las libretas de notas, listas de tareas y agendas capturan tareas y se quedan congeladas en el papel, pero como **la vida** de Michael es muy dinámica, sus prioridades siempre cambian y su estilo de aprendizaje es táctil y kinestésico. Las herramientas convencionales de gestión del tiempo que normalmente se recomiendan no son funcionales para él. Le propongo que abandonemos las listas y agenda de una vez por todas. "Vamos a encontrar una manera de que toques el tiempo", le comenté.

Abro una carpeta que no se utiliza y escribo "Ahora" en el interior del lado izquierdo y " Ahora No" en el interior del lado derecho. Michael y yo pasamos cada tarea de todas sus listas a un bloc de notas adhesivas individuales (Post-it®). Michael los fijó de uno en uno tanto en lado de Ahora como en el lado de Ahora No. Ambos lados se llenaron rápidamente, re-titulamos la de Ahora No por Muy Pronto, después añadimos una tercera que llamamos Espera.

Una vez que una tarea de la hoja Ahora se realizó, se sustituye por una nota del lado Muy Pronto. Hasta que más y más tareas del lado de Ahora se van completando, las notas de Muy Pronto se cambian hasta que se realizan. Si en la parte de Ahora una nueva tarea necesita espacio, alguna debe ser removida a la hoja de Muy Pronto, de lo contrario esa nueva tarea debe esperar. Las tareas que no se necesitan realizar Ahora o Muy pronto se quedaran en la hoja de Espera. De esta manera, las tareas siempre se cambiando de Espera a Muy Pronto y hasta Ahora. A esta práctica lo llamamos sistema de paneles.

Desde el punto de vista de la gestión del tiempo convencional, Ahora y Muy Pronto son ambiguos. Esto es exactamente lo que le llama la atención a Michael ya que Ahora y Muy Pronto no están enfocados al calendario (es decir, no son objetivos diarios, semanales o mensuales) a Michael le gusta más. Michael es incapaz de disciplinarse a sí mismo y tener claridad acerca de lo mucho que puede lograr diariamente o semanalmente, por lo que los paneles expresan el tiempo de Michael físicamente. Simplemente no puede agregar más tareas de las que le caben a cada panel.

La parte del sistema que más le gusta son las notas adhesivas (Post-it®). "Disfruto cambiarlos de lugar, así puedo actualizar la hoja de Muy Pronto a Ahora, o remover la hoja de Ahora a Muy pronto. Puedo agrupar un puñado de notas y acomodarlas en cualquier orden por prioridad al instante... Puedo hacer lo que quiera con ellas", Michael declara. Esta herramienta flexible y táctil acerca de la gestión del tiempo es crucial para Michael. Dice que el sistema de paneles le permite "tocar el tiempo".

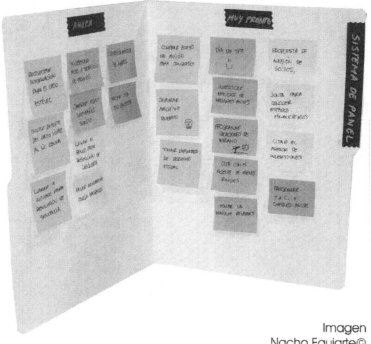

Imagen
Nacho Eguiarte©

Bárbara ha creado su propia versión de "tocar el tiempo". Ella es la gerente de uno de los más conocidos (y más concurridos) spas de Atlanta. Bárbara utiliza tarjetas de memoria elaboradas a base de fichas tipo bibliográficas para manejar sus tareas y su tiempo. Cada tarjeta tiene calcomanías decorativas. La tarjeta que tiene calcomanías de autos es para la lista de diligencias en la cual Bárbara debe darse prisa. Otra tarjeta tiene una flecha apuntando hacia abajo es para la lista de pendientes que debe delegar a su personal. Otra más con una flecha que apunta hacia arriba indica algo que discutir con el propietario del spa. Maneja otra tarjeta con calcomanías de teléfono para las llamadas que debe hacer. Una tarjeta es de color rosa con calcomanía de un camión de bomberos. Si el día está muy ajetreado en el spa, al menos esta tarjeta le dice cuál es la tarea más urgente para realizar ese día.

Bárbara las hojea todo el día, les agrega tareas cada vez que se completa una. Si una tarjeta se llena, simplemente hace otra. "Me gusta barajarlas, no podría hacer lo mismo con una lista de pendientes! Bárbara menciona. Le aliento a hacer una tarjeta más. ¡No es una lista de tareas pendientes! Simboliza que no se debe tomar ninguna acción. Simplemente que diga "Bárbara". Esto es solo para recordarle de que "ella existe"; para asegurar que esto se cumpla debe hacer algo lindo para ella.

Las personas crónicamente desorganizadas se destacan por subestimar el tiempo y las cosas que necesitan por hacer. Es útil representar tareas con modelos kinestésicos como sistemas de paneles o tarjetas. ¡En una ocasión, un cliente y yo construimos un modelo de bloques tipo Lego® para un proyecto complejo!

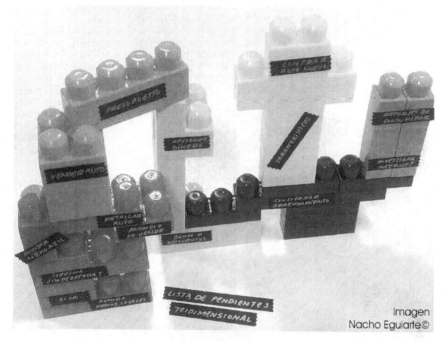

Mega Blocks™

TÉCNICAS PARA TOCAR EL TIEMPO

Establece un sistema de paneles. Escribe tareas pendientes en notas adhesivas (Post-it®) y colócalas en una pizarra, tablero o carpeta para archivo. ¡Reemplaza tus listas de tareas pendientes cada día!

Crea tus tarjetas, escribe las tareas en una tarjeta con horarios. Utiliza pegatinas/calcomanías o tarjetas con colores diferentes para representar diferentes tipos de quehaceres. Barajea las tarjetas de memoria todos los días y termina las tareas pendientes. Agrega nuevas tareas cuando se completen las viejas.

Utiliza bloques de Lego® o piezas de juego similares para construir un modelo de proyecto. Etiqueta objetos o utiliza artículos de diferentes colores para representar diferentes tipos de tareas.

MÁS HERRAMIENTAS DE ORGANIZACIÓN KINESTÉSICA*

- Portapapeles.
- Notas Adhesivas.
- Platicar o pensar al caminar o mecerse en el sitio.
- Relojes analógicos.
- Rotafolio. Carpetas de tres anillos.
- Diagramas de flujo.
- Rodearse de bullicio o ruido moderado.
- Centros de acción.
- Acariciar objetos (plastilina, clips, plumas).
- Uso de sillas giratorias.
- Garabatear.

*Hay herramientas de organización conjugan tacto y movimiento. Colocar una nota en una pizarra crea sensación táctil. Girar las notas o colocarlas al inicio de la pizarra crea movimiento. Tacto y movimiento se unen y favorecen la organización, en este caso leer memos.

ORGANIZACIÓN VISUAL

El estilo de aprendizaje y de organización más común es el visual. Está se crea a través de los ojos, en contraposición con la de oídos que es (auditiva), o de movimiento que es (kinestésica) o el de tocar que es (táctil). La organización visual utiliza el color, codificación por colores, transparencia y otras herramientas visuales.

La codificación por colores ha sido popular en muchos años. El rojo, por ejemplo, estimula, entusiasma y apasiona al corazón, cerebro y la función respiratoria. Los americanos responden al rojo con carácter de urgente. Es por eso que el rojo se utiliza para los semáforos y en vehículos de emergencia. El amarillo ayuda la memoria; ¡la opción ideal para las notas Post-it™! El verde tiene varios significados, como la relajación, nuevos comienzos y dinero.

El color manila, es el color de las carpetas para archivo, este color genera muy poca vibración. Los equipos que miden la potencia de energía (vibraciones emitidas por el color) muestran que el color manila registra una línea casi plana. Si quieres quitarle el entusiasmo a cualquier cosa, ponlo dentro de una carpeta de color manila y funcionará.

Cómo Aplicar el Código de Color Con Tu Jefe

Recuerdo que era el Día Nacional de las Secretarias cuando Frances me llamó. Jacob, su jefe, le preguntó qué le gustaría de regalo, pensó que a lo mejor elegiría el día libre, cena en un buen restaurante o tal vez, un certificado de regalo. Jacob se sorprendió cuando Frances le dijo: "¡Quiero que usted sea organizado!". Ella explicó que si fuera organizado impactaría en su trabajo y le reduciría el estrés, ese regalo duraría todo el año. Así que Jacob le dio luz verde a Frances para llamarme. "¡Por favor no tires nada!", le advirtió.

Jacob es el encargado de compras de una gran tienda departamental, con puntos de venta en todo Estados Unidos y Europa. Él está fuera de la ciudad siete meses al año, por este motivo acumula una gran cantidad de correo. ¡El servicio postal de Estados Unidos atestigua el hecho de que los estadounidenses contemporáneos reciben más correo en un mes que lo que recibieron sus padres en un año entero, o la cantidad que recibieron sus abuelos en toda su vida! El correo de Jacob es la causa principal de desorden en su oficina.

A Frances solo se le permite clasificar el correo de manera superficial. Aunque ella sabe que mucho de ese correo es basura, Jacob prefiere revisarlo cuando está en su oficina. Frances y yo compramos tres contenedores grandes de plástico que se asemejan a las canastas de lavandería, pero son un poco más pequeños y de mejor apariencia. En el contenedor rojo ella pega un menaje en letra manuscrita que dice "Caliente." Ella y Jacob acuerdan que el correo en la canasta de Caliente se debe revisar en un plazo no mayor a tres días apenas regrese de cualquier viaje. El contenedor amarillo lo titula como "Pronto". Jacob se compromete a atender Pronto dentro de una semana a su regreso. En el contenedor verde hay un letrero que dice "Ni Hablar". Si Jacob no revisa estos papeles en un mes, Frances tiene permiso para deshacerse de él.

Frances y Jacob también se han abastecido con unas etiquetas en forma de punto que son adhesivas y removibles de color rojo, amarillo y verde. Estás tienen el mismo significado de los contenedores Caliente, Pronto y Ni Hablar. Toda la documentación, memorándums y papeles que pasan entre ellos, debe tener la etiqueta de color que indica su estado. (Estas etiquetas de puntos son removibles en caso de que cambie el estado del documento.) Frances incluso le coloca un punto a cada mensaje de teléfono que le pasa a Jacob. Toda la papelería que se utiliza en la oficina tiene un código de color, cuando Jacob viaja, Frances le envía una carpeta de archivo roja con documentos etiquetados como Caliente para que los revise en su viaje.

Frances me cuenta una anécdota graciosa. En una ocasión Jacob le llamó de un teléfono público en el aeropuerto. Frances tomo una pila de documentos y se los estaba explicando uno por uno. En el otro extremo de la línea, Jacob solo respondía: "rojo" "amarillo" o "verde". Frances etiquetaba obedientemente cada documento según las instrucciones de Jacob. Detrás de Jacob, había una larga fila de personas impaciente por usar el teléfono público. Lo único que podían escuchar era a este hombre repitiendo "rojo", "amarillo" o "verde". Pensaron que quizá Jacob podría "estar jugando póquer", entonces una mujer ansiosa por usar el teléfono alerta al guardia de seguridad. El guardia se acerca a Jacob y le dice: "¡bien amigo! ¡Mi uniforme es azul y usted va a estar en un gran problema si no cuelga ese teléfono!".

El color nos atrae tanto visual como emocionalmente. Los objetos transparentes o claros se manejan de manera diferente que los de color. Estos contenedores permiten a las personas ver a través de ellos. Las tareas de organización visual, como almacenar, se realzan mejor mediante la transparencia.

Puede haber otro beneficio de la organización visual para mejorar funciones ejecutivas. Cuando uno piensa en las funciones ejecutivas se viene a la mente un excelente director, alguien que pueda delegar; tomar decisiones importantes y establecer prioridades. Pero las funciones ejecutivas hacen referencia a la habilidad de ejecutar. Las habilidades asociadas con las funciones ejecutivas están dispersas por nuestro sistema nervioso, solo que la transparencia y la codificación de colores parecen mejorar nuestra capacidad de ejecución, una importante habilidad organizativa.

El Negocio Está En La Bolsa

"No puedo pensar cuando todo está archivado", señala Rupert. "Pierdo el sentido de la perspectiva en general, cuando toda la información está guardada en carpetas de archivos y fuera de mi vista. No veo cómo las situaciones se relacionan entre sí, que viene primero, que viene después, y así sucesivamente. Cuando todo mi trabajo está expuesto frente a mí, caótico como puede parecer, me siento más organizado".

El trabajo de Rupert está expuesto todo en el suelo. Rupert utiliza el piso como su sistema de archivo. Pilas de papel ordenadas cubren el piso como tablero de ajedrez en su oficina. Las pilas tienen ocho centímetros de separación una de otra y están de lado a lado formadas en largas filas. Hay un callejón de un metro de ancho entre las filas de papel que pasa por en medio de la oficina para el tránsito. Hay más o menos treinta centímetros de espacio libre alrededor del perímetro de la oficina. Esto me recuerda a un jardín bien planeado.

Hace tiempo que Rupert abandonó los archivadores, salvo los que conserva con documentos, los llama "agujeros negros". El escritorio sólo lo utiliza para proyectos en los que está trabajando en el momento, sin embargo, literalmente el piso es realmente su sistema para estar al día en todo.

El piso es el área de archivo de preferencia de algunos de mis clientes tales como arquitectos, artistas o como Rupert, ingenieros. No se necesita ser un científico de la Nasa para indagar en el porqué. El piso ayuda a las personas visualmente orientadas a "percibir" a sus papeles. Si fuera decisión de Rupert, la situación no cambiaría, solo que las circunstancias hablan. Rupert mide 1.93 cm de altura. Sus gastos médicos del quiropráctico le están causando tanto dolor como su espalda, no se puede estar doblando o agachando durante la mayor parte del día, cada día. Nadie más puede ayudarle porque no es fácil comprender su sistema no convencional.

Rupert y yo necesitamos encontrar un sistema de organización en el que la información de sus documentos quede expuesta, pero de alguna manera elevada del piso. Observo a mi alrededor y veo los planos de los dibujos de ingeniería que cuelgan de los bastidores. Los bastidores son soportes de madera o metal que funcionan como un tendedero. En vez de pinzas, los broches de goma pueden sostener los planos y que estos queden colgados.

"Me pregunto si podemos colgar tus documentos como planos", digo en voz alta, sin estar segura aún de lo que quiero decir.

"¿Colgar los documentos? Pero, ¿cómo?2

"¿Cómo se hace con las bolsas que almacenan alimentos?"

A Rupert le hace gracia, entonces me guía a su cocina, que se encuentra en la parte superior de su oficina, en ella tiene rollos de papel encerado, pequeñas bolsas para sándwich, papel aluminio y envoltura de plástico, pero no hay bolsas para almacenar alimentos. Rupert se le viene a la mente su congelador que se encuentra en el sótano. Sobre el congelador hay un estante, que tiene un buen suministro de bolsas grandes para congelador, Incluso tienen etiqueta para que se les escriba el contenido y la fecha.

Estoy rebosante de alegría y Rupert sin emoción. No puedo culparlo, la idea parece estar fuera de la razón.

De regreso a su oficina, me agacho y tomo un puño de papeles del piso.

Los coloco en una bolsa de congelador, sello la parte superior y Rupert escribe en la bolsa "Especificaciones Johnson" y le añade fecha de vencimiento. Enganchamos la bolsa en el bastidor junto a los proyectos Johnson.

Colocamos todos los documentos apilados dentro de bolsas y los colgamos como ropa. "Lo que me gusta de las bolsas de congelador es que el trabajo queda a la vista. Tal vez para otras personas esto sería abrumador, pero para otras, si no pueden verlo, no lo visualizan. Necesitan referencias visuales que incitan a la acción.

Rose inventó una adaptación al sistema de las bolsas para el congelador. Tiene varios proyectos pequeños en diferentes etapas de culminación y, como ha envejecido, cada vez le es más difícil darle seguimiento a todo. Ella como Rupert, si no lo ve, no puede realizarlo. Rose ha sujetado las bolsas de congelador a perchas con pinzas para falda. Coloca un proyecto por bolsa y le fija una etiqueta grande a cada una. ¡Cuelga las perchas en el baño y en las puertas de su recamara!

Las personas que se organizan visualmente tienen abundancia de herramientas disponibles como gráficos, mapas y calendarios borrables, todos estos ayudan a organizar el flujo de trabajo, tareas y metas. Calendarios, horarios y cronogramas desmontables son herramientas inigualables para la gestión del tiempo. La clasificación de colores en el sistema de archivo muestra al instante dónde pertenece cualquier carpeta. Variedad en basureros, canastas o recipientes de todos los tipos se pueden utilizar para clasificar visualmente o priorizar por lote casi cualquier cosa. La transparencia, ya sea clara o con color, tiene una doble ventaja, apoyar la organización visual para el funcionamiento ejecutivo. Una lista de productos que revelen en lugar de ocultar. Uno de mis favoritos es el sistema de estanterías de piso con bolsas grandes. Es de uso general en escuelas y bibliotecas, pero puedes adaptarlo fácilmente a tus propias necesidades.

Los estilos de organización proyectan nuestro tipo de aprendizaje. Identificar tu propio tipo de aprendizaje es un ejercicio útil, te insto a que visites la biblioteca o librería para obtener materiales sobre el tema lo que concierne a la desorganización crónica y estilos de aprendizaje. El estilo que tengas es menos importante que informarse sobre la diversidad y variedad de los estilos de organización. ¡Pruébalos todos! Un método de organización auditiva puede ayudarte mucho en el trabajo. Las herramientas visuales que añadas a tus métodos de organización en casa pueden hacer tremendos avances. Quién sabe lo que la organización táctil o kinestésica podría aportar a la gestión del tiempo u otras áreas de organización. ¡Si ya eres un organizador no convencional, puedes llegar hasta donde quieras!

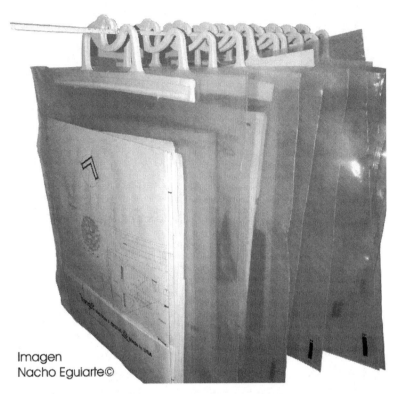

Imagen
Nacho Eguiarte©

Sistema de Bolsas con Percha, HangUp Bags™ de la Marca Mónaco

OBJETOS QUE REVELAN EN LUGAR DE OCULTAR

- Canastas de Archivo.
- Protectores de Sábanas.
- Bolsas Para Almacenar Alimentos y Congelar.
- Carpetas Transparentes de Archivo.
- Plásticos trasparentes, recipientes apilables, cajas para zapatos o suéteres.

ORGANIZACIÓN INTEGRAL

La organización integral se refiere al proceso de establecer métodos de organización que sumen en lugar de desmenuzar. La organización integral funciona de manera contraria a la organización convencional. Desglosar por áreas es el fundamento de la mayoría de los métodos de organización convencionales. Piénsalo. Cuando tu casa necesita organizarse, es más práctico dividirla en áreas manejables en lugar de intentar abordarla de una vez por todas. Comienzas con una habitación, si esta habitación te parece abrumadora, continuas con el armario o incluso una repisa del armario puede ser lo más práctico para empezar. Pudiera ser que la mejor manera de abordar una oficina desorganizada es comenzando por el escritorio o mejor aún comenzar primero por un cajón del escritorio. La gestión del tiempo también se desglosa. Las misiones se destilan en metas y estas se dividen en objetivos. Los objetivos se dividen en itinerarios mensuales y semanales que finalmente se aterrizan como tareas diarias. Si quisieras organizar toda tu casa u oficina de una sola vez, no podrías hacerlo.

Por razones prácticas, a menudo no tenemos más remedio que empezar con una parte en lugar del todo. El problema es que las personas crónicamente desorganizadas tienden a encontrar el proceso de fraccionar, haciendo partes de un todo, como algo desintegrador. No obstante, aunque todo el conjunto pudiera ser abrumador, sigue estando desintegrado (pese a la desorganización) y la perspectiva de la gente crónicamente desorganizada es que el lugar le parece confortable.

Este sentimiento de fragmentación, de perder la visión general, es un gran obstáculo para organizar. Nos encontramos con un dilema, por un lado, en sentido práctico, tenemos que dividir grandes, complejos y abrumadores proyectos de organización en áreas pequeñas y manejables. Por otro lado, la organización convencional, con su insistencia en fraccionar, elimina la perspectiva general y fomenta la fragmentación.

Este dilema se resuelve con cuestiones de métodos de imágenes de organización integral que conservan un sentido del conjunto incluso mientras que se está fraccionando y transformado.

ANATOMÍA DE UNA OFICINA

Pete es uno de esos afortunados directivos de nivel medio que ha sobrevivido una y otra vez a los recortes de personal y reestructuración de reingeniería. Cada año su ubicación en el organigrama de la compañía se modifica, pero él consigue aferrarse a su puesto. Peter me llamó después del último recorte.

"Mi trabajo es tan estresante que tengo que mantener mis pies puestos sobre la tierra, poner las manos sobre las cosas y concentrarme en mi objetivo", dice Pete. Tomo una nota mental de sus muchas alusiones al cuerpo humano y nos fijamos un tiempo para reunirnos.

Pete se reúne conmigo en el vestíbulo de su edificio. Nos sentamos en un par de sillas de piel y me comenta de por qué guarda papeles y cómo desorganizó su oficina. Entramos en el ascensor y continúa hablando, me proporciona más información sobre antecedentes acerca de su desorganización. Cuando salimos del ascensor creo que finalmente entraremos en su oficina. En vez de eso, me lleva a la sala de conferencias. Una vez sentado, continúa explicando sus hábitos de desorden.

Finalmente caminamos por el pasillo hacia su oficina, la puerta está cerrada, Pete no la abre. En lugar de abrirla, estira sus brazos delante de él y comienza a hacer una especie de flexiones en la pared, mientras continúa platicando.

Ahora, puedo hablar de lo mejor de ello. Me encanta hablar, dice Pete. Para mí, hablar sobre la información de antecedentes y el auto-análisis no son tan ilustrativos como ver lo que realmente Pete afronta. Él está pasando por un momento difícil sólo para abrir la puerta y mostrarme su oficina. Su conversación es básicamente un callejón sin salida.

"Pete, hay dos cosas que debes saber de mí. Una es que no tengo sentido de turbarme y la otra es que no voy a juzgar una persona por la forma en que su oficina se ve".

"Aprecio que me digas estas cosas. La verdad es que ya ni siquiera puedo verla. Cuando abro esta puerta es como si fuera golpeada por una ola".

"Lo entiendo. Creo que tengo algo aquí que podría ayudar. Prueba esto".

Desde el interior de mi bolsillo bastante amplio, saco mi arma secreta: un tubo de papel higiénico de cartón. El tubo está cubierto con tela de rayas de tigre. "Voy a abrir la puerta, cuando lo haga, observas a través del tubo y me dices lo que ves", instruyo a Pete.

Abro la puerta lentamente y, cuando está abierta, él levanta el tubo a sus ojos y observa a través de él.

"Veo mi credenza".

"Bueno, ahora mueve lentamente el tubo una pulgada hacia la izquierda, detente un poco y dime lo que ves".

"Veo mi escritorio".

El tubo permite a Pete estrechar su campo visual. Un experto en discapacidades de aprendizaje me enseñó que el campo visual es la forma en que una persona ve a cada momento. Si pones a dos personas en un cuarto amueblado, uno verá el sofá primero, luego una silla, después una lámpara y finalmente un cuadro en la pared. La otra persona podría ver todo en la habitación: el sofá, las sillas, las lámparas y los cuadros, todo a la vez. Este último fenómeno se llama campo visual amplio. Las personas con un amplio campo visual pueden sentirse abrumadas fácilmente.

"Tu oficina se siente como una gran ola chocando contigo porque lo ves todo a la vez". El tubo de cartón te ayuda a observar en partes más pequeñas las cuales podemos organizar una a la vez. "Sintiéndose menos abrumado, Pete finalmente entra en su oficina y yo lo sigo cerrando la puerta, esperando que no pierda la calma y se vaya".

Ahora, escanea el interior de la oficina y escoge un lugar donde te gustaría comenzar", con el tubo en sus ojos, como un pirata con telescopio, dice: "ese desorden en la ventana, definitivamente me gustaría empezar allí". La ventana parece un buen lugar para comenzar. Cuando quede despejado, Pete tendrá un verdadero sentido de logro. Al menos es lo que yo pienso, pero resulta que estoy equivocada.

Pete es un clasificador pausado y lento, que sin duda contribuye a su mal crónico. Lee cuidadosamente cada papel, muchas veces camina de manera ineficiente con una sola hoja por diferentes lugares de la oficina. Después de lo que parece ser un tiempo largo y abrumador, la repisa de la ventana es finalmente despejada del desorden. Solo que, en lugar de tener una sensación de logro, se siente frustrado, "a este paso, necesitaremos un año para organizar esta oficina".

Necesito encontrar un método en que Pete sienta control sobre la oficina completa y manera más rápida. Las referencias de anatomía que usó antes para describir su oficina saltan a mi mente. "Cuando me llamaste por teléfono, dijiste que tenías que poner los pies en el suelo, las manos sobre las cosas para concentrarte en tu objetivo, ¿te acuerdas?".

"Sí, pero no entiendo tu planteamiento."

"¡Mi punto es, por qué no organizamos tu oficina con el tema del cuerpo humano!".

"Sabes, Judith, si no fuera por tu reputación de ayudar a personas crónicamente desorganizadas como yo, diría que eres un poco extraña."

"Bueno, tal vez ser un poco extraña es lo que se necesita para tener un avance. "Déjame explicarte. Creo que podemos organizar tu oficina basándonos en partes del cuerpo. ¿Dónde crees que se encuentra el cerebro de su oficina?"

"Tendría que ser el área de la computadora. Es donde hago la investigación en internet y reflexiono a través de la información. Es sin duda el cerebro de la oficina".

"Pongamos documentos relacionados con el pensar y el investigar cerca del cerebro (la computadora). ¿Tu oficina tiene un estómago?"

"Sin duda lo tiene. Me siento en ese sofá con los pies sobre la mesa de café a digerir toneladas de informes". Trasladamos todos los reportes de Pete al área del estómago.

Para ayudarnos en nuestra reorganización con la oficina de Pete basada en la anatomía, hago un dibujo tosco de un cuerpo humano. Colgamos una bolsa de deportes en la perilla de la puerta. Estas son las piernas. En la bolsa se encuentran diligencias que tiene que atender (películas por revelar, revistas para llevar a casa, cuadros para enmarcar, etc.). La boca es el teléfono, al lado de él ponemos lista de llamadas por regresar, llamadas nuevas y cualquier documento relacionado con esas llamadas.

"¡Este material apesta!" Pete exclama, sosteniendo un formato de evaluación del personal en su mano. "Odio completar evaluaciones". Pusimos los documentos malolientes en una carpeta recopiladora de tres anillos, lo llamamos nariz y lo dejamos encima del librero.

Dividimos la oficina en diferentes áreas, pero debido a que todas las áreas están asociadas con un solo tema, en este caso el cuerpo humano, no siente que la oficina está fragmentada, para Pete, la oficina sigue existiendo en su conjunto, aunque este conformada en partes. Este es el concepto del todo, el tema, que le hace posible organizar su oficina sin sentirse abrumado por sus partes.

Visito a Pete unos meses después de "la operación" que realizamos en su oficina. Sobre su credenza ha organizado una serie de expedientes para realizar trabajos relacionados con su trabajo de voluntario en un albergue para niños y en el Club Chicos y Chicas. Él llama a la credenza su corazón.

LA OFICINA DEL CUERPO HUMANO

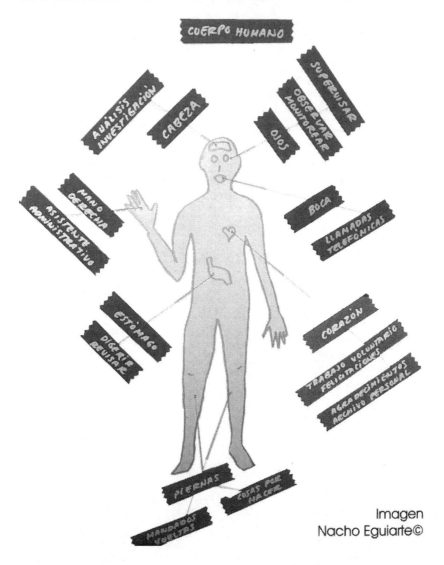

Imagen
Nacho Eguiarte©

Conquistando La Desorganización Crónica

¡Prepara A Tu Asistente Administrativo Para Ayudarte!

Pete es desorganizado crónico y tiene gran dificultad para mantenerse organizado. Es esencial que su asistente administrativo, Lois, aprenda a usar el tema del cuerpo humano para mantener el orden. Pete y yo involucramos a Lois en la selección y clasificación de los documentos en su oficina, y también en la reorganización de muebles. Lleva diez horas en el transcurso de dos semanas, pero debido a que Lois ha estado involucrada en el proceso de organización por temas desde el inicio, ella ha podido apoyar administrativamente a Pete.

Lois cuenta una historia graciosa de un cliente que estaba esperando a ver a Pete. El cliente está sentado en la sala de espera, leyendo una revista. Lois se sienta frente al cliente en su escritorio de recepción. Pete entra en la sala de espera y le da un documento a Lois: "por favor, mastica esto", dice. Lois y Pete se ríen en voz alta por la expresión de sorpresa del cliente. "Masticar" es la alusión anatómica para la trituradora de papel.

MAPA DE VIAJE

La oficina de Janet está organizada en torno al tema de mapa de viaje. Ella es vendedora de telefonía celular muy exitosa en un ámbito extremadamente competitivo. Continuamente está en carretera. Como muchas mujeres, está muy familiarizada con lugares de interés. El mapa le ayuda a llegar a un destino, pero los puntos de referencia suplen sus necesidades de dirección. Janet puede orientarse en una ciudad desconocida inmediatamente. Sin perderse y recordando señales, como que su hotel está justo al lado de la salida del centro comercial Walmart o que el restaurante donde se encontrará con un cliente mañana está justo al otro lado de la calle frente al Burger King.

Los puntos de referencia son una herramienta natural que utiliza para organizar su oficina. Los pisapapeles son excelentes señales para la oficina, indican dónde están ciertos artículos. Un pesado pisapapeles de cuarzo en forma de búho descansa sobre recortes de revistas y artículos descargados de la web. "Si soy tan sabia como un búho, quizá tengas más éxito" explica Janet. El Club Rotario le otorgó un pisapapeles de bronce en forma de león. El león es el rey de la jungla, Janet guarda memos de su jefe bajo el león.

El aspecto más interesante del tema acerca de los mapas de viaje son sus señales de tránsito. Ella cree, con toda seguridad que, las señales de tránsito podrían ayudarla a organizarse en su oficina como lo hacen cuando está en la carretera. Así que compré señalamientos en una tienda especializada que vende juguetes educativos y juegos pedagógicos para maestros y padres.

La señal de "Alto" queda colgada en la pared directamente sobre la pequeña mesa de conferencias. Se trata de un recordatorio que le dice "la responsabilidad es mía". Aquí es donde las reclamaciones y quejas de los clientes requieren de su pronta y personalizada atención. Un letrero de "Ceda El Paso" cuelga de la pared por encima de su credenza. "Ceder" es a Janet lo que los expertos en gestión del tiempo llaman delegar. Los señalamientos acerca de "ceder" le recuerdan delegar o ceder el trabajo a otros. Debajo de él están documentos para su secretaria.

Utilizar material relacionado con señales de tránsito ayuda a Janet a organizarse. Este ámbito es un mundo de símbolos y objetos con los que ella se relaciona fácilmente. Ayudarse con el material de este tema impone una especie de orden integral sobre el caos en la oficina de Janet, pero como ella es crónicamente desorganizada, mantener su oficina sigue siendo un desafío.

¡Utiliza Listas De Control!

Janet se beneficia de las listas de control y de listas de "Salidas" y "Llegadas". Listas de todo tipo son herramientas anti crónicas excelentes. Una lista como parte de los preparativos para antes y después de un viaje, un proyecto complejo o una temporada ajetreada es una aportación valiosa para una persona crónicamente desorganizada. Janet y su secretaria se reúnen para elaborar una lista de control para los preparativos de su viaje una semana antes de que Janet salga fuera. Detalla las tareas habituales, como el adecuado empacado del material publicitario, también se asegura de llevar el cargador para conectar el teléfono en su coche. La lista de salida tiene información detallada de varias actividades incluyendo algunos pendientes que su secretaria debe atender en su ausencia. La lista de llegada incluye la entrega de informes de gastos, el envío de notas de agradecimiento y otras actividades de seguimiento que siempre surgen después de un viaje de negocios.

¡VETE DE COMPRAS!

Otro tema de organización efectivo es el de una tienda Denslow Brown, una organizadora profesional, ordeno el taller de trabajo y cochera de un cliente suyo, basándose en el modelo de una ferretería. Utilizando un detallado conjunto de recipientes, tableros, repisas, y contenedores. Los clientes "compran" en la tienda lo que necesitan, el trabajo consiste en mantener la tienda y taller bien abastecidos "para los clientes". El cliente debe devolver todas las herramientas y suministros a sus respectivos lugares cuando termine de verlos.

Otra colega mía lleva el tema de la tienda un paso más adelante. ¡De hecho hace que su cliente compre en su propia casa! Varias veces al año ella y su cliente caminan por la casa con una lista de compras y solo "compran" los artículos de la lista. Este procedimiento pone al día a la cliente con lo que ya posee, también le recuerda dónde se guardan los artículos y le ayuda a eliminar el exceso de compras y las compras innecesarias. "Pensé que necesitaba adquirir un mantel, pero después de "comprar", descubrí que ya tengo dos", dice la cliente.

AFERRARSE AL FUTURO

La gente guarda las cosas por muchas, muchas razones. Guardar excesivamente gira en torno a los momentos pasados, fases anteriores de nuestra vida; los recuerdos de las vacaciones vividas hace mucho tiempo; recuerdos de cientos de ocasiones; premios y trofeos en honor a logros pasados y ropa que solo sirve para recordarnos una talla que ya no tenemos. El libro más completo que he leído acerca de guardar se llama Clutter's Last Stand (Desorden, la Última Batalla), por Don Aslett. Aslett dice:

"Si elegimos pasar nuestras vidas coleccionando, preservando y almacenando objetos y pertenencias inactivas nos encontraremos a nosotros mismos... Dejaremos que el pasado venga al precioso momento de la vida que tenemos en la mano... Nuestras pertenencias pasadas tienen valor, pero el secreto es no dejar que su encanto de se conviertan en cadenas, que el sentimiento se convierta en una sentencia... Sólo tú sabes el momento en que los objetos de colección se han convertido en desorden en tu vida... "

El "momento" en que los objetos coleccionables se convierten en abarrotamiento no siempre es aparente. Algunas personas crónicamente desorganizadas se pierden en el conjunto. Un tema de organización que yo llamo aferrarse al futuro puede ayudar. Kevin y yo lo utilizamos para organizar su casa.

El hogar de Kevin está lleno hasta el techo con cosas de todo tipo. Estas cosas son tan vastas y embrolladoras que es imposible decidir lo que es basura de lo que no es. Kevin ha tratado de clasificarlo, "en un esfuerzo por despejar el sofá, saturé tanto el piso que apenas podía caminar. Posteriormente trato de despejar el piso y termino por abarrotar el sofá nuevamente. Es como si solo "cambiara los platos"". Cambiar los platos es una expresión del sur que se utiliza para referirse a mover las cosas de un lugar a otro, pero realmente no soluciona nada.

Kevin y yo designamos el dormitorio extra de la casa y le llamamos el Pasado. Reunimos todo lo del sofá, piso, la mesa del comedor y demás áreas de la casa. Todo lo que trae momentos del pasado lo preserva. El Pasado contiene trofeos, facturas pagadas, registros tributarios, cajas de fotografías, álbumes de recortes, ropa que no le queda, artículos heredados de otros miembros de la familia, pero Kevin ya no los quiere, revistas antiguas y tarjetas de felicitación. Todas estas cosas se van al dormitorio del Pasado.

Designamos el estudio como el Presente. El Presente contiene revistas actuales, facturas por liquidarse, fotografías recientes en espera de ser enmarcadas, garantías de aparatos de electrodomésticos que Kevin todavía posee, ropa que le queda, dinero (¡sí, encontramos seis dólares de cambio suelto y una cartera con diecisiete dólares!), y demás cosas por toda la casa relacionadas con el Presente. Todo esto lo guardamos en el estudio.

Ahora, la oficina de la casa de Kevin es el Futuro. El Futuro almacena recortes de periódicos con ideas de inversión, folletos de vacaciones, folletos e invitaciones de próximos eventos, macetas nuevas que Kevin no tendrá que utilizar hasta la primavera, folletos recientes de computadoras. (Kevin está pensando adquirir una computadora nueva para reemplazar la antigua), cintas de vídeo en blanco, libros no leídos y tarjetas de felicitación en blanco.

La habitación del Pasado se llena completamente. Kevin observa con asombro cuánto espacio ocupa el Pasado en su casa. Al mismo tiempo le ayuda a darse cuenta del mucho espacio que el Pasado ocupa su vida. Esta manera de clasificar es la motivación que Kevin necesitaba para lidiar con el pasado. Nos ponemos a trabajar, reciclamos las revistas de más de un año de antigüedad, colocamos los trofeos en la repisa del estudio, pusimos en cajas los expedientes de los impuestos y los llevamos al ático. Desechamos tarjetas de felicitación y buscamos un lugar agradable para las fotografías y álbumes en el librero. Ahora que la habitación del pasado se liberó, se puede utilizar como cuarto de visitas.

Una vez organizado el Pasado, empezamos a trabajar en el Futuro. Tomamos su agenda, de hecho programamos una cita para revisar sus futuras ideas de inversión. Es una actividad habitual de fin de año, pero si no se programa, nunca ocurrirá. Ahora puede guardar agendas, directorios, libretas de notas en su archivero porque las citas agendadas, son las que le recordarán su tarea.

Las vacaciones de Kevin son la segunda semana de agosto. Se quiere asegurar de que tiene el tiempo adecuado para revisar los folletos de vacaciones y comprar los boletos de avión al mejor precio, para esto programamos una cita llamada "plan de vacaciones" dentro de cuatro semanas. Ya tiene un registro en el calendario para recordarle que debe planear sus vacaciones y guardar la publicidad. Kevin tira los volantes e invitaciones apiladas en su escritorio y decide a cuál evento quiere asistir y anota las fechas en su calendario.

Hacemos una anotación en el calendario en el mes de febrero para comenzar a trasplantar sus plantas y hacer otras tareas de jardinería en primavera como cambiar las macetas de la oficina al jardín trasero. Las cintas de vídeo en blanco y las tarjetas de felicitación en blanco permanecen en el Futuro (también conocido como la oficina de la casa), esto con la finalidad de que Kevin se dé cuenta exactamente dónde quedaron guardadas para cuando se necesiten. Los libros para la lectura de esparcimiento se colocaron en la mesita de noche junto a su cama. Con un poco de planificación y gestión del tiempo, el Futuro está más organizado.

El estudio, donde reside el Presente, no está del todo lleno, es fácil para Kevin observar que, si olvida atenderlo, tendrá exceso nuevamente. Los folletos en los que se está informando acerca de su nueva computadora, se cambian del Futuro al Presente, con la finalidad de que los revise lo más pronto posible. Distribuimos las revistas nuevas por toda la casa para que tenga la oportunidad de leer. (Algunas quedaron en una canasta junto al sofá del estudio. Varias quedaron en el baño y unas pocas junto a su cama). Las fotografías para enmarcar quedaron en el coche, como un recordatorio constante de llegar a la tienda de los marcos. Kevin realiza los pagos de sus facturas en el estudio, así que establecimos un mini centro de pagos, con sellos, sobres y facturas del último mes.

Ha sido un gran progreso el tema de la línea del tiempo, le permite dividir y organizar toda la casa en partes manejables, pero al mismo tiempo refuerza este tema. Actualmente cuando el desorden se acumula, ya tiene el Pasado, Presente y Futuro en mente. Si fuera importante atender el presente, se va directo al estudio. Si se refiere al Futuro, la tarea está programada, entonces el objeto en sí es llevado a donde pertenece, si se trata del Pasado, Kevin primeramente lo revisa y decide si todavía lo necesita. Ya no tolera que el Pasado se apodere de su casa.

IMAGINERÍA

Todos tenemos un "ojo interno", una manera de crear imágenes mentalmente en nuestra mente. A este proceso se le llama imaginería. La imaginería es un método de organización útil. La imaginería convierte problemas de organización abstractos en imágenes mentales. Entonces las imágenes mentales se pueden convertir en soluciones concretas.

Utilizamos imaginería para organizar a Fran, quien tiene el peor caso de "erupción de Rolodex™" (desbarajuste de tarjetas) que he visto en mi vida. Tarjetas de presentación están esparcidas como hojas por toda su oficina. Es como si fuera un truco magia de cartas, aparecen en cada bolsillo de su ropa. Su portafolio y cartera reventaron por el exceso de ellas. Tarjetas de presentación, fichas de Rolodex™, servilletas con nombres y números de teléfono y diminutas hojas de papel con nombres y direcciones atiborran cada cajón, rincón y hueco.

Fran es una agente de seguros. Es la mejor vendedora de seguros en el sur, su visón acerca del servicio va más allá. Si alguna persona necesita algo que no esté relacionado con los seguros, ella siempre tiene los contactos que se ideales para ayudar a resolver sus necesidades. Es una maestra de las conexiones personales. Fran no colecciona tarjetas de presentación, colecciona personas.

Pedí a Fran que cerrara los ojos y que evoque una imagen de una persona real para cada tarjeta de presentación, servilleta, o nota que posee. Ella imagina a una persona real de pie en la habitación con nosotras. Esta imagen hace que sea más sencillo decidir si debe quedarse o pedirle que se vaya (si la tarjeta se conserva o se deshecha).

Fran imagina a toda esta gente en una fiesta de cóctel en su casa. Están disfrutando de los bocadillos, observa que llevan bien unos con otros y dicen cosas bonitas de ella. Otros, sin embargo, son personas anónimas sin rostro que difícilmente puede recordar, varios parecen arrogantes o groseros cuando son traídos a la realidad. Fran descarta las tarjetas de presentación de estos últimos.

Fran también usa una especie de imaginería de Greenwich Village (Un barrio de Nueva York, cuna de artistas, eventos culturales y sociales). Inunda la habitación con artistas, actores, escritores y algún vidente todos ellos personifican las tarjetas de presentación. En estas poderosas imágenes con personas reales, Fran encuentra personas interesantes, algunos de ellos son relacionados con el pasado. En este momento aportan poco o nada a su vida y los descarta.

Una gran multitud de estas personas usa traje: abogados, contadores, asesores financieros, agentes de seguros y corredores de bienes raíces. "Hay demasiados trajes en esta sala", reprocha Fran, pide aquellos que no le resultan familiares que se marchen. Esas tarjetas son desechadas.

El imaginar una persona real ocupando un espacio en su casa para cada tarjeta de presentación, un gran progreso para Fran. Esto le permite tomar decisiones para conservar o tirar las tarjetas. En sus propias palabras, la imaginería "convierte mi desorden de tarjetas de presentación de un desbarajuste en una real red de personas".

Mucho Ruido Y Pocas Nueces

La Imaginería como método de organización es común para artistas y personas creativas como Julius.

Julius es un actor subcontratado que dirige la operación de tele-mercadeo, una de una de las organizaciones de artes escénicas más grandes de Atlanta. Él es extremadamente bueno con esto. Su "Centro operativo" está iluminado y ventilado sin rastros de humo de cigarrillo. El personal de tele-mercadeo, en su mayoría artistas y músicos, están en espera de una gran oportunidad. Hacen cientos de llamadas con extraordinario entusiasmo que sólo los actores pueden evocar. Julius motiva a sus vendedores de tele-mercadeo con breves lecturas de Shakespeare, escenas de obras contemporáneas y lecturas de poesía. Además de su salario base y bonificaciones; los vendedores de tele-mercadeo de alto desempeño ganan clases de canto, material de arte y boletos gratuitos para eventos culturales. Al final de la noche, el empleado con mejores resultados en la recaudación de fondos, es levantado en alto sobre los hombros de sus compañeros todo dirigido por el mismo Julius. Hacen un desfile de celebración alrededor de la habitación, concluye la canción y baila, es un gran alboroto. En resumen, hacen que está celebración que se convierta en una escena.

Julius es muy bueno en dirigir a sus tropas para alcanzar los objetivos de recaudación de fondos. Por el contrario, sus habilidades de organización, son deficientes, es crónicamente desorganizado. Su dolor de cabeza consiste en recopilar información y documentos para elaborar reportes e informes y presentarlos al Consejo de Administración. Julius nunca encuentra los documentos que necesita para dichos informes. El tedio de la preparación de los reportes lo abruma, y sus presentaciones ante la Junta están mal preparadas. A menos que mejore con prontitud, Julius perderá su trabajo. Me lo ha dicho su supervisor inmediato, Kate, quien lo adora, está bajo presión por parte de la Junta Directiva y quiere saber si puedo salvar el trabajo de Julius.

Hay una teoría dentro de la comunidad empresarial- compartida por la comunidad artística - que las personas creativas son incapaces de organizarse. Creo que esta teoría se aplica en este caso - un artista es una persona creativa; creatividad/arte es exactamente lo opuesto a negocios/organización; por lo tanto, difícilmente se puede esperar que un artista sea organizado.

En gran parte, esto es un estereotipo. He conocido a muchos actores y artistas que son expertos en organizar, hacen malabarismos con múltiples trabajos, ensayos, espectáculos, clases y todo tipo de obligaciones, pero, al igual que la mayoría de los estereotipos, éste si tiene un poco de verdad. El desafío es descubrir formas de agregar imaginería u otras fortalezas artísticas a la gente creativa en el proceso de organización.

"Sí, puedo ayudar a Julius", le respondo a Kate, "pero no con la presión de salvar su trabajo. Sólo Julius puede hacer eso ", le aclaro.

Exhorto a Julius a "hacer una escena" cada vez que quiera un trabajo de organización. Por ejemplo, tiene un expediente etiquetado como "Taquilla de Fin de Semana". Llama a uno de sus telefonistas a la sala de recepción de archivos para que observe que guarda la carpeta, el telefonista "atestigua" el acto. Es como un simulacro de un proceso ante la Corte, él sostiene su mano derecha y pone la izquierda en el libro del código postal.

Ella jura que Julius ha archivado el expediente "Taquilla de Fin de Semana". Entonces Julius despide a su testigo/telefonista.

Este pequeño juego algo elaborado permite a Julius fijar una imagen en su mente de la carpeta de archivos y su ubicación en el archivero. A veces finge tener una cámara en la mano y tomar una foto ficticia del expediente.

En su libro *ADD Success Stories* (TDA Historias de Éxito), Thorn Hartmann recopila historias de individuos que tienen Trastorno por Déficit de Atención. Una historia llamada "Conciencia Inicial" habla de un hombre que siempre olvida donde deja su billetera o donde estacionó su coche, especialmente cuando llega tarde o está distraído o nervioso. La próxima vez cuando llegue tarde al aeropuerto, pondrá atención en un punto visual imprimiendo la ubicación del estacionamiento. Con los ojos bien puestos en los señalamientos de la sección durante un minuto completo, aunque tenga prisa.

Básicamente, este caballero utiliza imágenes para recordar el lugar del estacionamiento. Estas técnicas pueden parecer extrañas o antilógicas, pero funcionan bien para las personas que son crónicamente desorganizadas.

Para hacer frente al tedio de la preparación de los informes, Julius se basa en las imágenes de Ebenezer Scrooge en la novela clásica de Dickens, Un Cuento de Navidad. Se pone un suéter un poco andrajoso y se sienta encorvado en su escritorio y ata una pluma a su bolígrafo con una banda elástica. En el invierno apaga la calefacción y en el verano apaga el aire acondicionado, se siente incómodo, pero procede a recopilar la información para elaborar los informes. Para terminar con el sufrimiento lo hace lo más rápido posible y no se atormenta como antes.

"¡Damas y caballeros, les presento el informe de recaudación de fondos!". Julius grita de manera ostentosa, su ayudante distribuye informes encuadernados a los miembros del Consejo. Actualmente están habituados a las audaces entradas de Julius; en lugar de simplemente sentarse en la mesa de conferencias recitando información. Julius utiliza páginas de rotafolio con multicolores para hacer sus observaciones sobre los avances de la obtención de fondos. ¡En ocasiones lleva una capa o un sombrero de mago!

¡La imaginería, como los temas, pueden enriquecer la presentación de una persona junto con sus pasiones, fortalezas e incluso miedos! Una vez trabajé con Nancy, una escritora, que le encanta escribir artículos para revistas, solo que las fechas límite la aterrorizaban. Cuando se acercaba una fecha límite, siempre era una experiencia muy estresante. En una ocasión, perdió el plazo de entrega por completo. Creamos una imagen de un pequeño monstruo llamado Vencimiento. Es una pequeña cosa horrorosa y con un apetito feroz, pero para ser apaciguado, Vencimiento necesita ser alimentado (escribiendo) diariamente. En la medida que lo alimente a día con día, está al corriente con sus plazos.

TEMAS E IDEAS DE IMAGINERÍA

- El cuerpo humano.
- Tiendas de viajes.
- Calendario de compras.
- Escenas de una obra teatral o novela.
- Salón de Guerra, Central de Mando.
- Una fábrica.
- Deportes.
- Juegos de mesa.

ORGANIZACIÓN SOCIAL

Conquistar la desorganización crónica requiere de enfoques de organización innovadores que abracen las emociones; que presten atención a los diferentes de estilos de aprendizaje/organización y que sean integrales (en conjunto y no en partes). Sin embargo, todos somos individuos únicos así que cada acercamiento, método o técnica para conquistar la desorganización crónica trabajará de manera diferente para cada persona. Existe una prioridad para conquistar la desorganización crónica, que ninguna persona crónicamente desorganizada debe prescindir. Se trata de hablar al corazón mismo de la esencia de la desorganización crónica. Lo llamo organización social.

Para lograr resultados satisfactorios a la hora organizar, una persona crónicamente desorganizada debe involucrar a otras personas en el proceso. La organización social es el término usado para describir el empleo de otras personas en el proceso de organización. Tal vez te has dado cuenta que la mayoría de las herramientas anti-crónicas anteriormente mencionadas hasta este momento involucran a otras personas en el proceso. Esto se debe a que la cronicidad de la desorganización crónica no se puede superar de manera individual. Es similar al proceso de aprender a hablar en público. Aunque hablar frente a otras personas se puede practicar en privado, no se puede dominar si realmente no se hace en público. Si tú eres crónicamente desorganizado, la organización debe convertirse en una actividad social, en lugar de una actividad individual.

Una de las razones principales de organizar socialmente, tiene que ver con la motivación. Todas las personas crónicamente desorganizadas descubren que organizar es abrumador. Sin "una tropa", o mínimo una persona, esa sensación de estar abrumada hace que la organización sea demasiado desalentadora y frustrante. Una vez que esto sucede, el entusiasmo por organizar se esfuma. Entonces organizar se vislumbra como algo gigantesco, lo que lo hace aún más abrumador y se crea un círculo vicioso. La organización social rompe este ciclo. Cuando la motivación se mantiene alta y el agobio bajo, como resultado la organización puede proseguir.

Otra razón por la que la organización debe ser social y no en solitario es que una persona crónicamente desorganizada necesita tener un doble. Un doble de cuerpo te proporciona un ancla y una imagen reflejada. Con un doble, tu nuevo nivel de organización se puede mantener. La acción de ser un doble es descrita con mayor detalle a continuación.

La organización Social podría ser un concepto difícil de entender. Después de todo, cuando mamá dice, "limpia tu cuarto", solo quiso decir, que lo hagas por ti mismo. En la cultura americana, cada vez que hablamos de éxito o de superar algo, casi siempre lo asociamos con la actividad individual. De hecho, ser totalmente autosuficiente se ha convertido en una marca de éxito. Para poder conquistar la desorganización crónica, y evitar que dicha desorganización vuelva a minar tu calidad de vida, debes organizar socialmente. Trabajar solo es una receta para el desastre.

Esto no significa que no haya cosas que debas hacer der manera individual. Sin duda hay pasos que tú y solo tú, debes realizar para estar y permanecer organizado. El más importante entre estos es determinar cómo incluirás a otras personas en tus esfuerzos de organización.

EL DOBLE DE CUERPO

Cuando entro a la casa de Zita estoy muy sorprendida. Acostumbrada a ver desorden, me sorprende que todos los sofás y sillas están libres de desorden. La mesa del comedor está decorada con hermosos manteles, vajillas de plata y un florero como centro de mesa. Sobre la repisa se exhiben fotografías de cuadros antiguos y está adornada con candelabros de plata. No existen pilas de correo sin abrir y tampoco hay revistas o catálogos viejos. Sólo puedo suponer que todavía no llegamos "al cuarto secreto".

El cuarto secreto es un espacio de la casa que funciona como depósito en el que se esconde un desorden desenfrenado detrás de la puerta. Zita continúa dando el recorrido a través de su enorme y aseada casa, estoy segura de que la habitación secreta debe estar justo al fondo del pasillo. En lugar de eso, entramos en un estudio bellamente decorado con alfombras persas, urnas griegas y muebles finos. El escritorio, es una verdadera antigüedad, contiene casilleros con refinados diseños tallados a mano, parece que sobre el escritorio hay facturas, correo y otros documentos. Admito que estos cubículos están repletos, sin embargo, la habitual evidencia de desorganización crónica parece faltar. Así que me desconcierta un poco la necesidad de ayuda de Zita.

"Aquí está mi problema", dice Zita, haciendo una señal para que me siente a su lado junto al escritorio. Espero a que me revele su problema de organización. Creo que tal vez perdió el hilo de lo que estaba pensando en decirme, porque no explica nada. Zita comienza a ordenar de manera metódica el interior de un casillero. En silencio, hace trozos un sobre de papel que abrió con un hermoso abrecartas, lee el contenido para sí misma y lo lanza a un bote de basura decorado. Hace lo mismo con otro sobre, lo abre y ve que se trata de una factura sin pagar, silenciosamente saca su chequera que se encuentra en el interior de otro cubículo. Zita firma el cheque y me lo entrega junto con el sobre que contiene el remitente. Meto el cheque en el interior y lo sello, en lo que ella ordena el interior de otro casillero.

Trabajamos silenciosamente mientras Zita continúa abriendo sobres, pagando facturas y tirando basura. Ocasionalmente hace algún comentario sobre algún pago vencido o hace algunas observaciones como el consumo desmedido de árboles en perfectas condiciones. Le respondo con una o dos palabras, pero principalmente se enfoca en romper los sobres que abre y yo a poner cheques en el interior de ellos. Trabajamos a un ritmo tranquilo.

Mientras trabajo con Zita, mi mente comienza a vagar. Empiezo a imaginarme que estoy en un grupo de costura, trabajando en mi edredón con diseño de abeja, escuchando el suave sonido de las agujas e hilos y teniendo una breve charla (breve, no en el sentido trivial, sino por el ahorro de las palabras, en el mejor sentido). Estoy inmersa en este pensamiento cuando, exactamente una hora después de que comenzamos, Zita deja su abrecartas y se levanta de su silla.

"Bueno, querida, has sido de mucha ayuda. Eres una buena organizadora. Aquí está tu cheque y te llamaré de nuevo pronto".

"Gracias", respondo, un poco aturdida, caminando con ella hacia a la puerta principal. "¿Te importa si te hago una pregunta?".

"Adelante".

"¿Qué fue lo que te pareció tan útil en este tiempo juntas?"

"Tu presencia, querida. No es que yo sea una anciana solitaria, por Dios, no. Mi familia me visita a menudo, tengo amigos maravillosos y demasiadas cosas para ocupar mi tiempo. Pero simplemente no puedo manejar mi correo o mis papeles sola. Tengo que tenerte cerca para hacerlo. Que tengas un buen día, querida".

Según Linda Anderson, una colega mía, asesora e instructora de adultos con TDA, menciona que soy el doble del cuerpo de Zita. Un cuerpo doble funciona como un ancla. La presencia de un ancla humana centra a la otra persona y hace posible que ella ignore las distracciones. Mi función como doble no parece más que ocupar un espacio, sin embargo, crea un ancla para Zita. ¡Su mente traduce la experiencia del doble de cuerpo como, "no puedo irme de este lugar hasta que haya terminado, y tampoco mi doble se puede ir!". Está anclada a sus tareas de organización por esta responsabilidad.

Anderson dice que hay un efecto secundario a favor de la duplicación del cuerpo y es el de un espejo. Mientras estoy sentada junto a Zita, casi sin involucrarme observo, que para ella reflejo lo que es un modelo de organización absorto. Este reflejo dice: "este soy yo; estoy concentrada, organizando y nada más importa.

Solía creer que sólo un organizador profesional puede hacer el papel del doble porque permanecen pasivos, apoyan, motivan y no son críticos; también tienden a ser más pacientes que los familiares o amigos, pero Jack, el marido de Beth, ¡me enseñó que otras personas también pueden ser excelentes dobles de cuerpo! Jack es muy organizado y Beth crónicamente desorganizada. Han estado casados por un largo tiempo, pero "las peleas a causa del desorden" son como un dedo en la llaga. Aunque Beth aprecia las habilidades de organización de Jack, no ha podido adoptarlas. A pesar de que Jack está consciente de las dificultades de Beth para organizarse se impacienta con ella. Lo que sugiero es que, en lugar de tratar intensamente de que Beth se organice, mejor haga el papel un doble para ella. En este nuevo rol debe mantener un papel pasivo, Jack hace su propio trabajo, mientras que Beth organiza su escritorio, trabajan lado a lado de esta manera durante varias horas. Con la esta práctica todo el mundo está contento, como resultado las "peleas" ahora se reducen a amables discusiones.

REGLAS PARA EL ROL DE UN DOBLE DE CUERPO

- Un doble de cuerpo no es un asistente activo.
- El trabajo principal es ocupar un espacio mientras tú haces tareas de organización.
- Un doble de cuerpo debe ser silencioso y no distraerse.
- Un doble de cuerpo debe realizar tareas pequeñas y discretas mientras tú organizas. Abrir el correo, etiquetar las carpetas de archivo, doblar ropa o guardar libros en cajas, son buenas tareas para un doble.
- Un doble de cuerpo no puede juzgar.
- Un doble de cuerpo debe ser paciente y capaz de mantenerse tranquilo por períodos largos de tiempo.

EL EQUIPO DE TRABAJO

Otra técnica de organización social eficaz es la del equipo. Lester tiene tres generaciones de desorden en su casa. Sus hijos adultos son el fin de ese linaje. Está comprometida en transmitir a sus hijos sólo lo mejor de su árbol genealógico "sin la maleza o la mala hierba". "Mis hijos pueden pasar el resto de sus vidas entre cartones y desorden si yo no hago algo al respecto en este momento", comenta. Mientras estamos en la parte superior de la escalera del sótano mirando hacia abajo los cartones, muebles, libros y demás exceso de cosas llenan el sótano por completo.

"Emprenderé este proyecto si me dejas traer un equipo", digo. "De lo contrario, se necesitará la mayor parte de un año para lograrlo. ¡Con esa cantidad de tiempo, te puedes desanimar y yo podría lastimar mi espalda!".

Un equipo es un grupo de personas que cuentan con un supervisor y por lo menos un ayudante. A la persona con desorganización crónica se le llama dueño (es el dueño de desorden). Explico que el trabajo del equipo es pre clasificar todo el desorden para que el propietario pueda reducir la cantidad. La preclasificación estructura el desorden, en términos generales lo divide por categorías previamente acordadas. Anteriormente en este mismo libro, comentamos que en algunas ocasiones las categorías no son una buena herramienta de organización para las personas crónicamente desorganizadas, pero este caso realizar una amplia clasificación funciona en circunstancias cuando el desorden tiene tiempo inactivo. Desorden inactivo es el caos que simplemente está guardado. La principal motivación del propietario para organizar este desorden estático, es reducir físicamente la cantidad que está almacenado. Durante la preselección pudiera surgir material que se puede reutilizar o vender, pero ese no es el objetivo principal.

Una vez que estas categorías de preclasificación se han establecido, el equipo está deliberadamente entrenado a trabajar sin la constante presencia del propietario. "Francamente me da tranquilidad", comenta Lester. "Saber que tú te encargaras de mi desorganización crónica". En realidad, la desorganización crónica tiene atrapado a Lester. La tendencia habitual de Lester de almacenar cosas siempre nublará su juicio. El equipo y la preclasificación le darán la oportunidad de poner en práctica su criterio.

Lester y yo acordamos categorías de preclasificación, que incluyen: fotografías, artículos para el hogar, libros, artículos de papelería, obras de arte/cuadros enmarcados, revistas, muebles y electrodomésticos.

Mi asistente, entrenado en preclasificaciones a gran escala, elabora letreros en papel neón con los nombres de las categorías en letras mayúsculas y los coloca a lo largo de las paredes del sótano. Posteriormente el equipo clasifica todos los materiales del sótano junto al cartel correspondiente. Los pocos errores que sin duda ocurren a la hora de seleccionar la enorme cantidad de material, son compensados por el costo de tiempo invertido que por la precisión en la selección.

El trabajo adquiere rápidamente la apariencia de un almacén bien organizado. A medida que avanzamos con la preclasificación, surgen otras categorías. Parece que la mayoría de los hombres y una buena parte de las mujeres de la genealogía de Lester sirvieron en las fuerzas armadas. Medallas, armas, uniformes y objetos militares abundan, así que añadimos una nueva categoría llamada Ejército.

Una pared completa del sótano se destina al Descarte Sugerido. Esto es clave para una preclasificación. Es aquí donde nuestro equipo está autorizado a apilar muebles rotos, cajas vacías, documentos y libros sucios, ilustraciones dañadas y cualquier cosa infestada de insectos. Al equipo no se le restringe libertad alguna en desechar cualquier cosa. Así que, aprovechamos la categoría de Descarte Sugerido. Como propietario, una de las tareas de Lester es revisar la preselección cada dos días. Cuando llega, realiza un "muestreo" de la pila de Descarte Sugerido. Cierra los ojos y selecciona al azar diez artículos. Si ocho de los diez artículos son descartables, la pila completa se prepara para su desecho. (El equipo nunca ha tenido un marcador con menos del 80%). Lester tiene que tomar las decisiones importantes acerca de si lo descartable es eliminado, reciclado, donado o una combinación de ellas.

Durante la preclasificación, los papeles se clasifican en cinco tipos genéricos: documentos financieros, cuya importancia procede más de los datos numéricos que palabras (recibos, estados de cuenta bancarios, etc.); Documentos tributarios; Correspondencia (cartas y tarjetas escritas a mano); Documentos importantes (certificados de matrimonio/nacimiento/defunción, documentos legales, testamentos y escrituras); y papeles sueltos (un término genérico para el resto).

Los papeles sueltos son una cantidad indeterminada, especialmente si son heredados. Los manejamos con el mismo método de muestreo similar al que utilizamos con el de Descarte Sugerido. Lester toma veinte papeles sueltos, elegidos por completo al azar. Si diez o los veinte resultan no tener ningún valor, los siguientes centímetros de papeles sueltos se tomarán y se eliminarán. Posteriormente muestra veinte documentos más. Si diez o más no tienen valor nuevamente, otra cantidad de estos son eliminados y así sucesivamente. De esta manera, Lester es capaz de deshacerse de ellos sin la tediosa tarea de examinar uno por uno.

CÓMO CREAR UN EQUIPO DE TRABAJO

El Propietario.

Tú eres el dueño del desorden y una parte muy importante del equipo. Tu objetivo es reducir la cantidad de desorden rápidamente. Para ello tendrás que contratar a un supervisor, que posteriormente contratará asistentes. Recomiendo encarecidamente que entrevistes organizadores profesionales del área para el trabajo del supervisor. Un organizador profesional está muy familiarizado con las técnicas de preclasificación. Como segunda opción, selecciona una persona que tenga la capacidad de supervisar a otros, que sea trabajador y bien organizado.

Tal vez ya conozcas a alguien con estas características en tu trabajo, mira a tu alrededor, a tus vecinos, quizás puede ser ese joven estudiante universitario o tal vez esté disponible la persona de la iglesia que organiza la venta anual de libros para la beneficencia o esa mujer que organiza el tianguis del barrio. Una vez que hayas encontrado un supervisor, dale la autoridad para encontrar asistentes.

Tu próxima responsabilidad es reunirte con el supervisor para determinar las categorías clave para la preclasificación. Será necesario verificar periódicamente el progreso de la misma y tomar decisiones fundamentales de inmediato. Podrías caer en la tentación de querer supervisar la preselección. No es buena idea, permite que el supervisor haga su trabajo, pero ten la disponibilidad de consultarlo con regularidad.

El Supervisor.

El supervisor debe estar dispuesto a estudiar las técnicas de preclasificación mencionadas en este libro. Por otra parte, es tarea del supervisor encontrar, inspeccionar y establecer normas de seguridad para los asistentes. Los asistentes deben ser fuertes, dispuestos a ensuciarse, capaces de seguir instrucciones y lo suficientemente inteligentes como para llamar la atención del supervisor acerca de cualquier duda sobre el valor o la importancia del material a organizar. El supervisor y propietario deben nombrar las categorías de preclasificación necesarias. Así mismo, es parte del trabajo del supervisor proporcionar informes periódicos sobre la situación y trabajar en conjunto para la toma de decisiones.

Los Asistentes.

Miembros de la Familia, estudiantes responsables, amigos del propietario y personas con discapacidad son magníficos asistentes, siempre y cuando puedan trabajar bajo la dirección del supervisor. En ocasiones un organizador profesional tendrá sus propios ayudantes. El trabajo principal de un asistente es entender las categorías de preclasificación y preclasificar todo el material a organizar. Un asistente debe ser consciente del valor del material y hacer hincapié con el supervisor, que posteriormente lo platicará con el propietario. Es importante que los asistentes sean rápidos para trabajar sin descuidar la seguridad además de ser cooperativos.

"Me encanta tener al equipo aquí", exclama Lester "Se siente una atmósfera de fábrica donde se producen artículos en lugar de un cementerio donde las cosas están muertas. Soy una especie de dueño de fábrica; ya sabes, el tipo con camisa blanca impecable y corbata que se pone un casco para supervisar la situación. Estoy involucrado, pero evidentemente las cosas se hacen sin mí".

A continuación, se detalla un resumen de Las Normas Generales de Preselección. Utilice la técnica de organización social de un equipo, especialmente cuando en el lugar se encuentra una gran cantidad de desorden inactivo. Existen circunstancias que propician esto como: herencias, fusión de familias, mudanzas. No es posible proporcionar pautas generales respecto a la preselección de cada categoría que pueda surgir. Cada preclasificación es distinta, pero todos están motivados por un objetivo: la reducción del desorden inactivo.

Procedimientos   Generales   De Preclasificación

Paso 1. Crea un equipo (mira las instrucciones previas).

Paso 2. Determina categorías genéricas de preclasificación para el desorden que no sean documentos o papeles. Las categorías comunes de preclasificación incluyen artículos para el hogar/ electrodomésticos pequeños, libros, artículos de papelería, revistas, muebles/mobiliario, fotografías, trabajos artísticos, ferretería/herramientas, películas/vídeos diapositivas/cámaras, ropa y productos de salud y belleza.

Paso 3. Establece categorías genéricas para los documentos. Éstos incluyen los documentos financieros (algunos ejemplos de ello son: recibos, estados de cuenta de tarjetas de crédito, estados de cuenta del banco, cheques cancelados, estados de cuenta de inversión); correspondencia personal, tarjetas de felicitación; documentos tributarios; documentos importantes (certificados de matrimonio/nacimiento/defunción, documentos legales, testamentos y escrituras), y papeles sueltos (todo lo que no se puede identificar inmediatamente).

Paso 4. Dedica un área al Descarte Sugerido. Aquí es donde el equipo está autorizado para apilar muebles rotos, cajas vacías, ropa sucia, artefactos dañados, pólizas de seguro vencidas, herramientas oxidadas y cualquier cosa que esté infestada de insectos. (Las excepciones incluyen fotografías dañadas, trabajo artístico y correspondencia personal). Es responsabilidad del propietario revisar el Descarte Sugerido utilizando el método de muestreo.

Paso 5. Coloca letreros de papel con colores brillantes a lo largo de las paredes del área destinada a la preclasificación. Cada categoría debe ser impresa con letras grandes y mayúsculas. El equipo reclasificará todo el material a organizar conforme a la señalización apropiada.

Paso 6. Separa los artículos para el hogar/electrodomésticos pequeños y artículos de papelería en dos subcategorías genéricas "Los Mejores" y "Otros". Comienza con "Los Mejores". Regala cualquier cosa que no desees de esta categoría a las personas que conozcas o gestiónalo para donarlo a una buena causa. "Otros" deben ser donados o reciclados.

Paso 7. Habrá libros que no se clasifiquen durante la preselección porque consume demasiado tiempo. Más bien, los libros (a menos que estén dañados), se exhibirán en posición erguida mostrando el lomo, estilo biblioteca. Coloca los libros de esta manera en libreros, estantes, repisas, mesas u otras superficies disponibles. Más tarde, alguien debe pasar y echar un vistazo a través de ellos lomo por lomo y tomar decisiones acerca de su destino.

Paso 8. Las revistas se tratan de la manera siguiente: las doce revistas más antiguas y las doce revistas más nuevas se extraen de la colección entera. Si las revistas más antiguas tienen algún valor histórico, estas se conservan y el resto de las revistas se reciclan.

Si las revistas más recientes tienen algún valor de contenido, se conservan. Si las revistas más antiguas y más recientes no demuestran ser históricas, coleccionables o de ningún valor por su contenido, se reciclan todas.

Paso 9. Los muebles/mobiliario se deben organizar como si estuvieran en una habitación real. Por ejemplo, las sillas se deben colocar alrededor de mesas, sofás y sillones tapizados deben acomodarse junto a mesas y lámparas, en el librero deben estar los libros. El propietario decide qué guardar, donar, vender o regalar a amigos y familiares. Todos los muebles/mobiliarios son etiquetados bajo esta política. Los muebles que pudieran considerarse como antigüedades se pueden valuar.

Paso 10. Las fotografías y correspondencia personal (cartas manuscritas, postales, telegramas y tarjetas de felicitación), no se pueden descartar durante una preclasificación, tampoco se puede tomar el tiempo para leer y analizar por separado. Se pueden entregar a un miembro de la familia que esté interesado en la genealogía y pueda sugerir lo que vale la pena conservar. (Nota: esta persona debe escribir información de la identidad de las personas y la fecha aproximada con lápiz tenue en el revés de las fotografías). Otro método es mostrar todas las fotografías y correspondencia personal en la próxima reunión familiar y dejar que sus parientes elijan lo que desean poseer.

Paso 11. El trabajo artístico se debe exhibir al estilo galería sobre las paredes. El propietario puede seleccionar una cantidad limitada (cinco o diez piezas) para conservar; también puede regalar a amigos, familia u organizaciones benéficas. Si tienes el presentimiento que alguno tiene valor, invita a un experto en arte a valorarlos.

Paso 12. Los documentos financieros y tributarios se clasifican por decenas, atados con bandas, etiquetados y guardados en cajas rotuladas. Integrantes de la familia pueden decidir si los revisan posteriormente. Quizás con la ayuda de las etiquetas de los paquetes clasificados, vean que algunos son demasiado viejos para ser útiles y se puedan desechar o quizás nunca se revisen en lo absoluto y pueda que sobrevivan a los humanos que los crearon. Para fines de una preselección, no importa.

Paso 13. Los papeles sueltos se tratan con el método de muestreo. La finalidad es tomar una muestra de ellos para determinar su rumbo. Así que, si durante el muestreo resulta que lo papeles que tomaste son basura, los siguientes treinta centímetros de papeles son desechados. Si, por el contrario, durante la muestra aparecen documentos de valor, los próximos treinta centímetros se guardan. De esta manera, al menos una parte de todos los papeles se reduce.

Paso 14. El trabajo del equipo es identificar documentos importantes y entregarlos al propietario.

Es responsabilidad del propietario procesarlos, podría buscar asesoría con algún abogado cercano a la familia que le ayude a clasificar documentos importantes.

Busca Un Doble De Cuerpo De Entre Tu Equipo.

Lo ideal sería que surgiera del mismo equipo. Puede ser el supervisor o uno de los asistentes. Alguna persona que ha tenido la experiencia de organizar o que haya trabajado contigo se adapta perfectamente para postularse como un doble de cuerpo.

Teleconsulta

El miedo o la emoción desagradable de sentir vergüenza son un gran obstáculo para que muchas personas crónicamente desorganizadas busquen la ayuda de un organizador. Bajo estas circunstancias, existe un método de organización social que se llama teleconsulta y puede ser de gran ayuda. Se hace vía telefónica o videoconferencia (y algunas veces se complementa con correo electrónico), teleconsultar te da el beneficio de la organización social sin que el organizador tenga que estar presente en tu casa u oficina. Esta herramienta utiliza más para proyectos de organización en pequeña escala y bien definidos que no requieren asistencia física y directa.

Debido a que se trata de un diálogo estructurado, una teleconsulta es muy diferente de una conversación telefónica. Recurre a esta herramienta con un organizador profesional, que pueda guiarte a través de una serie de preguntas con el objetivo que te sientas cómodo, para reunir información pertinente y, dependiendo de las respuestas, se establecen medidas específicas que deban adoptarse para avanzar hacia la meta de organización. El experto en teleconsultar te guiará de un paso satisfactorio hacia otro. Siempre y cuando muestres honestidad acerca del progreso que vas teniendo; este experto es un compañero organizador.

Recientemente conduje una serie de sesiones de teleconsulta con una mujer crónicamente desorganizada. Con su aprobación y mi motivación, su compañera de cuarto, también escuchó las sesiones por teléfono. Ella no participó en las sesiones, pero, debido a que estuvo enterada de todo, la persona crónicamente desorganizada consiguió dos socios organizadores: su experto en teleconsulta y su compañera de cuarto que estaba dispuesta a ser el papel de un doble de cuerpo.

Teleconsultar también puede ser útil si vives en un área donde no hay organizadores profesionales u otras personas que puedan ayudarte. Incluso, puede transformar la experiencia organizativa más desalentadora y aislada en una inspiradora reunión social.

Coaching

El *Coaching* es un tipo de organización social que está ganando popularidad. Tú, como persona crónicamente desorganizada, y el *coach* forman un equipo básicamente. El equipo formula metas bien definidas que deben lograrse de acuerdo a un calendario también definido. Estas metas se desglosan en objetivos alcanzables. Tú aceptas la responsabilidad de cumplir lo acordado en el calendario. El *coach* monitorea el progreso, soluciona y brinda apoyo a lo largo del camino por medio de una comunicación precisa y estructurada. Este tipo de asesoría se puede hacer en persona o por teléfono, o una combinación de ambos. El elemento más importante en una relación de *Coaching* es el compromiso. Hacer lo que dices que harás.

Es un alivio trabajar con alguien que se responsabilice con la parte que le toca. Regularmente trabajo como *coach* de una mujer crónicamente desorganizada que es escritora. La escritura es particularmente una actividad solitaria. "Como no existe alguien observando por encima de mi hombro, diciéndome lo que debo escribir, espero hasta el último momento para hacerlo. El estrés de redactar de esta forma está afectando mi salud. Mi presión arterial es alta y tengo una úlcera".

Joan y yo hemos fraccionado las páginas que debe escribir por semana para cumplir con las fechas límite de entrega. Ella "checa entrada" mandándome un correo electrónico diariamente. Le respondo con una afirmación diaria como estímulo. Joan se responsabiliza con su cuota diaria de páginas, entonces "checa salida" mandándome un correo electrónico. Posteriormente, programamos una llamada por semana, hacemos conteo de páginas y reasignamos su calendario de escritura para asegurarnos de que cumpla las fechas límite de entrega con el menor estrés posible.

El Organizador Profesional

Un organizador profesional es una alternativa ideal para llevar a cabo la organización social. Los organizadores profesionales son expertos en organizar y pueden ayudarte a explorar una gama de soluciones que se adapten mejor a tus necesidades particulares. Son imparciales y no te juzgarán por tu manera de ser. Puedes localizar fácilmente un organizador profesional en tu zona, poniéndote en contacto con la *National*

Association Of Productivity and Organizing Professionals, *NAPO* (Asociación Nacional de Profesionales en Productividad y Organización) o con el *Institute For Challenging Disorganization, ICD* (Instituto Para La Desorganización Crónica). Ambos grupos están incluidos en la sección de recursos de este libro.

Como anécdota, hay un comercial de televisión muy poderoso sobre un centro para el tratamiento de abuso de alcohol. El comercial hace todo lo posible para publicitar y promocionar el centro, solo que al final del comercial sale una voz que dice, "Si no recibes ayuda de nuestro centro, por favor, consigue ayuda en algún otro sitio". Ya sea que escojas los servicios de un organizador profesional, un doble, un equipo, teleconsulta, o la asesoría de un *coach*, trata siempre de organizar socialmente.

LA CRÓNICA DIARIA

La colección de periódicos de Esther llena su sótano. Cada domingo enrolla los periódicos de una semana no leídos y los mete dentro de una bolsa de papel. Las bolsas de papel se encuentran de pie en largas filas en el piso del sótano, alineados como pequeños soldados disciplinados. Una sola fila de estas tropas sube las escaleras del sótano y llegan en formación hasta el cuarto de lavado, se queda de pie en posición firme. Bolsas de periódicos llenan el estudio y un nuevo escuadrón ha empezado a formarse en el baño de visitas. Las bolsas de periódicos suman 71. Esther dice que sus visitas, que llegaran en un mes aproximadamente se quedaran un tiempo prolongado y lo más probable es que no aprecien el exceso de material de lectura, así que decidió llamarme.

"Estoy convencida de que quiero vivir sin estos periódicos", dice Esther firmemente. "No es una decisión que me provoque conflicto, simplemente no me animo a dejarlos ir".

Organización Al Margen

Este es un método de organización social efectivo para Esther. Al Margen es un nombre elegante para una organización que se efectúa sin la presencia física de las personas crónicamente desorganizadas. Las personas crónicamente desorganizadas como Esther tienen una perspectiva clara de las metas que desean lograr. Al mismo tiempo y con frecuencia se dan cuenta de que su desorganización crónica es el principal obstáculo que se interpone en el camino para alcanzar ese objetivo. Si se quiere lograr el propósito de Esther, la única manera de solucionar este dilema es que ella se excluya del proceso. El método de Organización Al Margen es la única alternativa.

Esther es una consumada recaudadora de fondos y activista en su comunidad. El valor informativo de los periódicos, unido al afán natural por el conocimiento de Esther, la han impulsado a conservar los periódicos, aunque en el fondo más recóndito de su mente sabe que nunca encontrará el tiempo para volver a leerlos, mucho menos para recortar y archivar las columnas más importantes.

Los periódicos son como un pozo de brea para las personas crónicamente desorganizadas. Su contenido es diverso y amplio, siendo atractivo a la "Infomanía" en tantas personas crónicamente desorganizadas. **Infomania es el placer de permitirse disfrutar de diversos intereses y de muchas fuentes al mismo tiempo.** Los periódicos llegan con el sol, son baratos y su lectura es más sencilla fácil de comprender. Puedes abandonarlos por meses, aun así, continuarán perdonándote eternamente y siempre leales.

La información en los periódicos es obsoleta ocho horas después de su publicación. Más del 70% de un periódico es publicidad, solo el 30% son noticias e información. 80% se puede acceder con facilidad a través de otros medios, como la radio o la TV. 100% se obtiene a través de Internet. El 50% de todo el periódico se repetirá de alguna forma al día siguiente. Un periódico no leído, está más próximo al basurero que las cáscaras de una naranja.

"¿Y si quito los artículos que más me interesan, los leo y los separo, sólo esos?". Esther implora.

"Bueno, eso ayudaría", respondo, "pero en promedio, el tiempo que te tomará buscar entre estas bolsas para quitar sólo las secciones que te interesan será de unos veinte minutos por bolsa".

Multiplica eso por las 71 bolsas, nos enfrentamos casi a veinticuatro horas de selección, más la lectura, el recorte y agrupamiento de las secciones seleccionadas, agregamos otras dos horas por bolsa. Con 165 horas debería ser suficiente.

"Es desesperante", Esther se desanima. "Ciertamente tengo cosas mejores que hacer con mi vida que buscar a través de periódicos viejos, pero simplemente no puedo deshacerme de ellos sin hojearlos primero".

Las acumulaciones de Esther son una verdadera compulsión. Las compulsiones son deseos irresistibles de repetir comportamientos una y otra vez. Estos se encuentran psicológicamente arraigados y son más profundos que nuestros hábitos más endurecidos. Soy consciente de que romper un comportamiento compulsivo como el acaparamiento de periódicos podría requerir la ayuda de un profesional de la salud mental. Pero no hay nada de malo en intentar desafiar los límites con Esther antes de que necesite ayuda que yo no pueda proporcionar.

"Te creo cuando dices que no puedes deshacerte de estos periódicos, pero puedes tomar una decisión ahora. No será fácil, la idea es la siguiente: que los periódicos salgan y tú también".

"¿Perdón?" Esther exclama sorprendida. (Recuerda, te advertí acerca de la palabra "perdón". Esther quiere darme una oportunidad más para demostrar que no estoy loca).

"Lo que quiero decir es que tú decides si los periódicos deben permanecer. Pero si eliges que los periódicos se vayan, te tendrás que salir al menos por unas horas. Te puedes ir al cine, con ese tiempo puedo deshacerme de los periódicos. De lo contrario no hay nada que pueda hacer para ayudarte".

Esther necesita tiempo para pensar, no es una decisión fácil para ella. Mientras decide, le sugiero que se imagine las caras de sus invitados cuando vean su acogedora casa, cómoda, llena de encanto y de bolsas de periódicos.

Tres días después, Esther me llama y dice. "¿debe ser una película?", pregunta finalmente y me rio a carcajadas. Esther planea salir a almorzar con un amigo y después a la tienda. Es importante que no regrese hasta que la tarea quede realizada. Cuando Esther regresa, las bolsas de periódicos se han ido y yo también. Sólo el recibo de cobro y una rosa permanecen.

Combatir La Infomanía

Confía en tu inteligencia y memoria. No dependas de información escrita para validar lo que ya sabes. Busca información y conocimientos nuevos.

Consigue alguien para que señale y archive tus artículos de revistas y periódicos.

Cancela las suscripciones a revistas que son similares, ¿realmente necesitas Time and Newsweek?

Aprende a leer por encima.

Suscríbete sólo a las ediciones del periódico del fin de semana.

Inmediatamente deshecha secciones de periódicos que nunca has leído.

Redescubre la biblioteca. Lee sus revistas y periódicos.

Únete a un servicio de recorte de periódico.

Aprovecha variedad de las fuentes informativas como: televisión, radio, cable e Internet.

Haz uso de las bases de datos en línea y servicios de búsqueda.

Reconoce que la información actual se vuelve obsoleta más rápido que anteriormente. Has un espacio en tu vida para la información que está por llegar en lugar de que ocupe un espacio la información que ya transcurrió.

MÉTODOS DE ORGANIZACIÓN SOCIAL

- El doble de cuerpo.
- El equipo de trabajo.
- Teleconsulta.
- *Coaches.*
- El Organizador Profesional.
- Organización Al Margen.
- Familia.
- Amigos.

FUERA DE SERVICIO
MANTENIENDO EL ÉXITO
EN LA ORGANIZACIÓN

La organización no es un evento único; requiere de mantenimiento continuo. Un sistema de archivo sólo quedará ordenado cuando los expedientes regresen a su lugar con prontitud. Una habitación se quedará ordenada sólo si la ropa se vuelve a colgar de inmediato. Si eres crónicamente desorganizado y haces mantenimiento por tu cuenta, estas destinado al fracaso antes de comenzar. El mantenimiento en la organización debe hacerse socialmente. Hay dos razones para ello. Una es que las personas crónicamente desorganizadas tienden a sobre-organizar las tareas de mantenimiento. La segunda razón es que es durante este proceso la mayoría de las personas crónicamente desorganizadas, tienden a distraerse de la tarea. Realizar mantenimiento con alguien más le pone freno al intento de sobre-organizar y distracción.

SOBRE-ORGANIZACIÓN

"Puedo pasar horas volviendo acomodar nuevamente los expedientes en su lugar", señala Fran. "Me gusta echar un vistazo en el interior de cada expediente y asegurarme de que todos los documentos están acomodados exactamente en el mismo sentido. Incluso podría re-etiquetar las carpetas nuevamente. Estas tareas perfeccionistas me quitan demasiado tiempo, nunca termino la simple tarea de colocar los expedientes de nuevo a su lugar".

Es muy fácil caer presa de la sobre-organización del tipo de Fran durante el proceso de mantenimiento.

Las tareas de mantenimiento son aparentemente sencillas. No hay nada complicado en volver acomodar carpetas o colgar ropa. De hecho, realizar mantenimiento solo lo necesario para conservar el orden puede ser muy aburrido. Las personas crónicamente desorganizadas a menudo intentan agregar interés, perfección o satisfacción en el mismo proceso para compensar la apatía.

Sin embargo, el espíritu se pierde. Se supone que el mantenimiento es un poco aburrido, no es algo retador. En lugar de hacer únicamente lo que se necesita, la sobre-organización pronto convierte al simple mantenimiento en un proyecto prolongado. El resultado es que la sobre-organización sabotea al mantenimiento. Una vez que eso sucede, sean cuales fueren los logros al organizar, estos desaparecen y la desorganización vuelve a surgir.

Por lo tanto, la práctica de realizar mantenimiento con alguien en lugar de hacerlo en solitario previene la sobre-organización. La presencia de esta segunda persona, ya sea como ayudante o como un doble, compromete no solo a uno, sino a ambos, así lo convierte esencialmente en un trabajo sencillo. Por si sola esta actividad ya es excesiva. El agregar el elemento social hace que se haga más rápido y se luche contra el aburrimiento además de asegurar la simplicidad de conservar el orden.

"Solía separar todo mi correo sin abrir en pilas acomodadas de facturas, solicitudes, cartas personales, estados de cuenta bancarios y de inversión, suscripciones, etc. Posterior a eso abría cuidadosamente cada sobre, incluso sabiendo que era correo basura, sacaba el contenido de los sobres y leía cada inserto (¿Sabías que el estado de cuenta de la tarjeta de crédito contiene tres insertos?). Ahora proceso mi correo todos los días con mi secretaria. Descartamos el correo basura sin abrir y rápidamente sacamos las facturas que se tienen que pagar y demás documentos que deben ser revisados. Cuando proceso mi correo a diario con mi asistente, ya no se amontona jamás y tampoco es un problema", comenta Richard.

DESPISTARSE

Las situaciones para despistarse son generadas durante el proceso del mantenimiento. Normalmente lo haces por tu cuenta. La actividad de realizar mantenimiento antes de que lo ejecutes parece bastante fácil, tan fácil, que tu mente se desvía y tú lo permites. Dejas que tu mente te lleve de una tarea a otra y, en menos de lo que te imaginas estas trabajando en otra cosa, menos la tarea primordial. A eso se le llama distraerse de la tarea.

"Me dispuse a colgar la ropa en el armario del dormitorio y terminé ordenando y limpiando cada la habitación de la casa", señala Grace. "Digamos que me encontré el trapo de la cocina en el closet de la recamara el cual pertenece a la cocina, lo regreso a su lugar y como estoy en la cocina pongo los platos sucios en el lavavajillas. Debido a que mis manos están un poco sucias, voy al baño a lavarlas y termino limpiando el espejo del baño. Eventualmente recordé que al inicio tenía la intención de colgar la ropa del dormitorio, pero me quedé sin tiempo".

Despistarse devora tiempo, dejando el mantenimiento inconcluso. Por ese motivo es mejor acordar citas de orden periódicas contigo mismo. La palabra clave aquí es "regular". La regularidad de las citas otorga integridad y le da prioridad a la tarea en cuestión. Por ejemplo, cuando llevas el carro a una cita de rutina para cambio de aceite, no te quedas que le hagan un trabajo de laminado o a que le ajusten los frenos. Solo esperas a que le haga el cambio de aceite, porque esa fue la razón de la cita.

Lo mismo se aplica al mantenimiento en la organización. Las citas regulares para ordenar proporcionan disciplina, prioridad y enfoque necesario para asegurar que la tentación de distraerse se evite. Estas son las herramientas anticrónicas más importantes con las que cuentas para lograr el éxito a la hora de organizar, especialmente cuando se lleva a cabo acompañado de otra persona.

EL DOBLE DE CUERPO

La técnica de Doble de Cuerpo es grandiosa para el mantenimiento. Digamos que acabas de organizar un armario muy desordenado. Desde luego que te das cuenta que con un poco de mantenimiento se mantendrá organizado. Ordena al menos una vez por temporada y que un Doble venga a tu casa. Pueden colectar ropa y otros artículos alrededor de la casa que pertenecen al armario. Busca el momento oportuno para que guardes la ropa fuera de temporada, saques y cuelgues la ropa de la temporada actual y retires los objetos que ya no quieres. Date cuenta que con esta actividad estás realizando mantenimiento. ¿Y qué hace tu doble de cuerpo? Su trabajo. Él está con algún quehacer por ahí cerca dentro de tu campo visual, pero no está directamente contigo organizando el armario. ¡No te distrae, quizás está doblando ropa o guardando objetos en cajas o quizás trabaja en algo que no tenga nada que ver con tus armarios!

El pago de las facturas es otro buen ejemplo. Las personas crónicamente desorganizadas entienden que el pago de gastos es una labor fundamental que todos los adultos debemos realizar. Sin embargo, postergan y postergan porque esta actividad es especialmente aburrida o tal vez tendrán alguna otra razón (¡o excusa!). Antes de lo que imaginas tienes una montaña de recibos, cargos por demora y gastos financieros que se acumulan. Ante esta situación tener el control de gastos o detectar errores de facturación es casi imposible. Un doble de Cuerpo no paga las cuentas. Tú sí. Si se sienta cerca de ti con un horario de citas programadas con regularidad, propiciará un ambiente en el cual puedas realizar tales deberes.

OTRO APOYO DE MANTENIMIENTO

Una madre y su hijo de diez años aparecen en la oficina de Iris cada diez días. La pareja se sienta en la mesa de la sala de conferencias de Iris para ordenar diapositivas, folletos y otros materiales de la expo-comercial. "Esta tarea solía llevarme horas. Cuando regresaba de atender una expo-comercial de 3 días o dirigir 5 talleres consecutivos, me volvía loca al intentar poner todo el material de nuevo en su sitio. Ahora, mis dos asistentes hacen el trabajo por mí", dice Iris con orgullo.

Janet trabaja en ventas, cuando está de regreso a casa, durante el trayecto dicta la información de su reciente reunión o de nuevos contactos comerciales en un micro casete. Ha contratado a un joven ciego para transcribir las grabaciones directamente a su base de datos el día 30 de cada mes. Una mujer con discapacidad auditiva manda todos los correos de Janet, vuelve a organizar y acomodar la información publicitaria en su coche y elimina correspondencia de la base de datos.

Alice posee más de 1,000 tarjetas de felicitación. Es una viajera incansable, compra tarjetas de felicitación en diferentes idiomas y de distintas partes del mundo. Posterior a esto las envía a sus amigos, compañeros de trabajo y familia. Por recomendación mía, Alice buscó información acerca de un club local de personas de la tercera edad. Estas personas arreglaron el mazacote de tarjetas y lo pusieron en bandejas organizadas y divididas por ocasiones, cuando terminaron se las regresaron a Alice.

Alice selecciona las tarjetas que quiere enviar, les escribe mensajes personalizados, sella los sobres y escribe las direcciones. Una vez a la semana un miembro del Club toca su puerta para recoger las tarjetas. Les colocan etiquetas de dirección de retorno y las llevan a la oficina de correos. Nuevamente, una vez al mes, un miembro del Club llega a la casa de Alice para organizar las tarjetas recientes en las bandejas. A cambio de este apoyo de mantenimiento, Alice les reembolsa los gastos a estas personas de la tercera edad y además envía a su club una generosa contribución anual.

Pete y su asistente administrativo, Lois, hacen trabajo de mantenimiento juntos. "En el pasado, yo no podía apoyar a Pete de manera administrativa porque estaba demasiado desorganizado para que pudiera disponer de mí", comenta Lois. "Ahora que he aprendido cómo organizar, cada viernes, como un reloj, nos las arreglamos para planear la lista de deberes de Pete de la próxima semana. Volvemos acomodar los expedientes que se han retirado del archivero; y sacamos los expedientes que necesitaremos para la próxima semana. No es el trabajo más interesante del mundo, pero la oficina y Pete están organizados".

El apoyo para el mantenimiento de la organización están a tu alrededor. A continuación, se detalla una lista de recursos.

RECURSOS DE MANTENIMIENTO DE APOYO A LA ORGANIZACIÓN

- Auxiliares administrativos, secretarios o recepcionistas.
- Personas mayores o jóvenes.
- Personas con discapacidades.
- Dobles de cuerpo.
- Becarios y estudiantes.
- Cualquier persona que necesite ingresos adicionales.
- Voluntarios.

CONCLUSIÓN

Si tu historia de vida ha sido marcada por la desorganización crónica, conquistarla no ocurrirá de la noche a la mañana, pero se puede lograr. Hacerlo requiere que ante todo, ignores el mito de "una vez y para siempre". Los métodos de organización convencionales no son efectivos para todos y no se organiza hace sólo una vez. Los métodos de organización no convencionales, especialmente aquellos que abrazan las emociones, respetan la influencia de los estilos de aprendizaje y de organización y tienden a ser integrales, son tus armas más poderosas para conquistar la desorganización crónica.

Si buscas un modelo de organización sólo entre personas bien organizadas, lograrás decepcionarte. Si tú te organizas de manera no convencional, busca inspirarte en entornos no tradicionales. Un supermercado eficiente, la tienda de libros amigable con el cliente, el salón de clases colorido, incluso el lavado de coches bien administrado pueden ser fuentes con ideas de organización y soluciones prácticas.

No enfrentes solo a tu enemigo. Utiliza un ejército de apoyo para organizarte y **mantenerte** organizado. Si utilizas los métodos de este libro, te mantendrás alejado del desorden y no minarás tu calidad de vida. Mantenerte organizado no será fácil, y por esa razón debes utilizar la herramienta de auto-ayuda más importante que existe, tu capacidad para pedir y aceptar ayuda.

ACERCA DE LA AUTORA

Judith Kolberg es una eminencia nacional muy importante en la organización/desorganización de Estados Unidos. Ella fundó File Heads Professional Organizers en 1989 - entre las primeras sociedades en su género en el sureste. El Institute For Challenging Disorganization (Instituto Para la Desorganización Crónica) que Kolberg fundó en 1992, ha llevado los beneficios de esta entidad a miles de personas que se enfrentan a su desorganización. Su contribución al campo de la organización profesional fue reconocida por la National Association Of Productivity and Organizing Professionals NAPO (Asociación Nacional de Profesionales en Productividad y Organización) cuando recibió por parte de ellos el prestigioso Premio de Fundadores en 1996. Kolberg es ex directora de desarrollo profesional de NAPO y ha desempeñado un papel clave en el desarrollo del programa para lograr la certificación en el sector. Ella también fue presidente del capítulo de Georgia para NAPO.

Los libros innovadores de Kolberg incluyen Conquering Chronic Disorganization (Squall Press) que también ha sido publicado en Coreano y ADD-Friendly Ways to Organize Your Life (Routledge), escrito conjuntamente con la Dra. Kathleen Nadeau. Los eventos del 11 de septiembre de 2001 inspiraron su tercer libro, Organize for Disaster: Prepare Your Family and Your Home for Any Natural or Unnatural Disaster, publicado en 2004 (Squall Press).

Su amplia experiencia y entrega con humor la han convertido en una de las mejores opciones en capacitación profesional para hablar en público prestando sus servicios a corporaciones importantes y organismos internacionales sin fines de lucro. Kolberg reside en Atlanta, es originaria de Levittown, Nueva York y graduada de la Universidad Estatal de Nueva York en Binghamton.

RECURSOS

Organizaciones

Institute For Challenging Disorganization

(Instituto Para La Desorganización Crónica). Fuente a nivel nacional de referencias sobre organizadores profesionales con experiencia y/o certificación en desorganización crónica.

www.challengingdisorganization.org

icd@challengingdisorganization.org

E.E.U.U. 314-416-2236

National Association Of Productivity and Organizing Professionals

(Asociación Nacional de Profesionales en Productividad y Organización). Fuente internacional de referencias sobre organizadores profesionales, muchos de ellos con experiencia trabajando con personas crónicamente desorganizadas. Certifica a los organizadores profesionales.

www.napo.net

HQ@napo.net

E.E.U.U 856-380-6828

File Heads Professional Organizers

Empresa disponible para hablar en público y capacitados en desorganización crónica y otros temas de organización/desorganización para empresas y organizaciones sin fines de lucro.

www.fileheads.net

info@fileheads.net

E.E.U.U. 404-231-6172

Squall Press

Libros y otros productos relacionados con la desorganización crónica y otros temas de organización/desorganización.

www.squallpress.net

info@squallpress.net

E.E.U.U.404-231-6172

American Coaching Association

(Asociación Americana de *Coaching*). Fuente de referencias a nivel nacional acerca de *Coaches* capacitados para trabajar con personas con Trastorno por Déficit de Atención/Hiperactividad.

www.americoach.org

E.E.U.U. 610-825-8572

Attention Deficit Disorder Association

(Asociación para el Trastorno por Déficit de Atención). Fuente de referencias Internacional de *Coaches* capacitados para trabajar con individuos con Trastorno por Déficit de Atención/Hiperactividad.

www.Add.org

E.E.U.U. 800-939-1019

Desordenados Anónimos

Especializado en acercar armonía al hogar mediante la asistencia y comprensión a la mentalidad del desorden. Facilita recursos, atiende preguntas frecuentes y ofrece folletos informativos.

http://messies.com/site/

info@messies.com

Fundación OC

Proporciona información sobre el trastorno obsesivo compulsivo y ayuda a las personas a ponerse en contacto con un profesional de la salud mental en su zona.

www.iocdf.org

info@iocdf.org

E.E.U.U. 203-401-2070

Productos

Mónaco

Bolsas de plástico colgantes, soportes para bolsas y paquetes de organización.

www.hangupbags.com,

Monaco@hangupbags.com

E.E.U.U. 800-448-4877

Esselte

Contenedores con ruedas, carpetas para archivo de colores, colgantes verticales para carpeta de archivo, y otros productos de organización.

www.Esselte.com

3M

Bloques de notas Post-it™, soportes de pared adheribles, etc.

www.3m.com

E.E.U.U. 1-888-3m HELPS

LIBROS POR JUDITH KOLBERG

Conquering Chronic Disorganization

Es un libro innovador con métodos de organización probados para poner fin a la desorganización crónica, presentado en un formato divertido de leer, y fácil de implementar. ISBN 978-0-9667970-0-8, edición pasta blanda, 160 páginas, 5½"x 8½" "

What Every Professional Organizer Needs to Know About Chronic Disorganization

Escrito para su venta, este es un recurso indispensable para cualquier persona que quiera explorar nuevas e innovadoras técnicas de organización demostrando su eficiencia en las personas crónicamente desorganizadas. ISBN 0-9667970-2-7, 70 páginas, 6"x 9"

Organize for Disaster: Prepare Your Family and Your Home for Any Natural or Unnatural Disaster

Kolberg hábil entrevistadora, ha capturado las historias de expertos en catástrofes y de personas promedio que los han sobrevivido, logrando que este libro sea una buena lectura, así como una gran consulta. ISBN: 0-9667970-4-3, 160 páginas, 7"x 9"

ADD Friendly Ways to Organize Your Life

Judith Kolberg y la Dra. Kathleen Nadeau. Lectura recomendada para adultos y jóvenes con TDA/H, en ella podrás encontrar asesores, organizadores profesionales con TDA, clientes, especialistas, empresarios que deseen prestar ayuda a sus empleados, amigos y familiares personas con TDA. ISBN: 1-58391-358-0, 280 páginas, 7"x 10"

Made in the USA
Lexington, KY
21 September 2018